Yo s y Estoy Rompiendo el Silencio

Una Mujer que Triunfó
Sobre la
Violencia Doméstica

Ana Williams

Yo soy Ana

AMA Legacy, LLC

824 Lake Ave 366, Lake Worth Beach FL 33460-3754

https://amalegacy.org/

Casa Editorial: **Casaponsa Publishers**

www.CasaponsaPublishers.com

ISBN: 9798880254484

Copyright © 2024 por Ana Williams

Reservados todos los derechos. Ninguna parte de esta publicación puede reproducirse, distribuirse o transmitirse de ninguna forma ni por ningún medio, incluidas fotocopias, grabaciones u otros medios electrónicos o mecánicos, sin el debido permiso por escrito del autor o editor, excepto en el caso de citas breves incorporadas en reseñas críticas y ciertos otros usos no comerciales permitidos por la ley de derechos de autor.

Lo Que la Gente Está Diciendo

"Soy Ana y estoy Rompiendo el Silencio está lleno de poder y fuerza sobre la historia de la supervivencia y la victoria de una mujer sobre la violencia doméstica. Toda madre debería darle a su hija una copia de este libro antes de tener su primera cita amorosa."
-Maureen Ryan Blake, Maureen Ryan Blake Media Production

"Ana comparte cómo un poco de esperanza, fe, oración, coraje y apoyo de otros cambiaron su vida. Ana fue una víctima silenciosa de violencia doméstica, y lo usó para convertirse en autora, defensora, y portavoz de la lucha contra la violencia doméstica abusiva. Este libro es una lectura obligada, ya que tu vida o la de alguien a quien amas también puede cambiar.
-Toni Stone Bruce, Author, Motivational Speaker, Coach Fundador/CEO Precious Stones 4 Life, LLC

"Este libro es una herramienta poderosa en la batalla contra la violencia doméstica."
-McKenzie Nelson, Best-Selling International Autor de "My Father's Feathers"

Índice

Introducción 11

Capítulo Uno: Había Una Vez 15

Capítulo Dos: La Vida en Un Mundo de Sueños 17

Capítulo Tres: ¿Dónde Está Mi Príncipe Azul? 25

Capítulo Cuatro: El Sueño Se Desmonta 35

Capítulo Cinco: Patrones Aterradores 43

Capítulo Seis: Los Días Más Oscuros 51

Capítulo Siete: El Hombre Que Una Vez Conocí Ya No Existía 61

Capítulo Ocho: ¡Ya Basta! 71

Capítulo Nueve: Un Ángel Viene a Ayudar 79

Capítulo Diez: Escapada 85

Capítulo Once: Una Nueva Vida Empieza 89

Capítulo Doce: Divorcio: La Última Batalla 95

Conclusión 101

Referencias y Recursos 105

Dedicatoria

Este libro está dedicado a mi hermosa madre, Mirian, quien fue mi mejor amiga y trabajó muy duro para criar a nuestra familia y mantenernos a salvo.

Agradecimientos

Estoy muy agradecida de estar viva hoy y poder contar mi historia. Quiero expresar mi gratitud a quienes me han ayudado en mi difícil viaje, que me aman y me apoyan hoy, y que me han animado a sacar a la luz mi experiencia para que otros puedan inspirarse en ella para triunfar sobre sus propias experiencias de violencia doméstica.

Doy gracias a Dios por todo lo que ha hecho para ayudarme en mi viaje y darme el valor para contar mi historia públicamente.

Estoy agradecida por mi esposo, por su paciente e interminable apoyo en la difícil tarea de revivir mis horribles experiencias una y otra vez para poder ponerlas en papel para este libro. Él es una doble bendición en mi vida.

A mis hermosos hijos, que soportaron estas tormentas conmigo durante tantos años y que me inspiraron a romper el silencio, les estoy profundamente agradecida y los amo siempre.

Doy gracias a la familia y los amigos que nos apoyaron y protegieron, a mis hijos y a mí, de tantas maneras, grandes y pequeñas, que literalmente salvaron mi vida y me dieron la fuerza para construir una nueva.

Me gustaría poder nombrarlos a todos, pero ustedes saben quiénes son y cuánto los amo. También estoy agradecida por los vecinos y desconocidos que tocaron mi vida, tal vez solo por unos momentos, como pequeñas chispas de luz que me mostraron que valía más que el sufrimiento que estaba experimentando.

Y mi agradecimiento a Bettyanne por ayudarme a encontrar las palabras de mi corazón para contar mi historia de manera tan hermosa, y al equipo de *RHG Media Productions* por acompañarme durante todo el camino para ayudarme a romper mi silencio y compartir mi mensaje con el mundo.

Introducción

Casi 20 personas por minuto son víctimas de violencia física por parte de su pareja íntima en los Estados Unidos. Durante un año, esto equivale a más de 10 millones de mujeres y hombres. (https://www.projectsanctuary.org/dv/some-statistics-about-domestic-violence/)

Aproximadamente 1 de cada 4 mujeres han experimentado violencia sexual, violencia física y/o acoso por parte de una pareja íntima durante su vida. (https://www.cdc.gov/violenceprevention/intimatepartnerviolence/fastfact.html)

Más de la mitad de las mujeres víctimas de homicidio en los EE. UU. son asesinados por una pareja íntima masculina actual o anterior. (https://www.cdc.gov/violenceprevention/intimatepartnerviolence/fastfact.html)

Cada día, más de 20.000 llamadas telefónicas son ubicadas en líneas directas de violencia doméstica en todo el país. (https://www.thinkmedfirst.com/domestic-violence/). Estas estadísticas son alarmantes y aterradoras. Y realmente no representan la realidad de cada uno de esos millones de mujeres y sus hijos, que han vivido la violencia doméstica en sus propios hogares y relaciones.

En este libro, quiero sostener una vela para estas mujeres, porque soy una de ellas.

Cuento mi propia historia para que la gente pueda entender cómo es para estas mujeres en su día a día, durante semanas, meses y años. Quiero que la gente se dé cuenta de que muchas más personas han sufrido la experiencia de abuso y nunca lo han denunciado, -o no han sobrevivido a ella-.

Muchas personas, a menudo con buenas intenciones, preguntarán: ¿Por qué no abandonan a sus abusadores?

No es tan fácil. Tu amabas y posiblemente aún amas a esta persona. Has dado a luz a sus hijos y te sientes confundida por su comportamiento, esperando que cambie, siempre buscando esa pequeña parte de él de la que te enamoraste. Antes de que te des cuenta, te quedas atrapada, avergonzada, sola, y asustada.

Y no ves ninguna salida.

Espero que cuando leas mi historia entiendas cómo y por qué le puede pasar esto a una mujer y, felizmente, cómo mujeres como yo, podemos triunfar sobre la violencia doméstica.

No cuento mi historia con el propósito de vengarme o dañar a nadie, incluyendo a mi abusador. Comparto mi historia para aquellas mujeres que se sienten solas, atrapadas y asustadas como yo lo estuve. Quiero ayudar a tantas mujeres como pueda, mis hijas, mis nietas, tus hijas, mis vecinas, tus vecinas, cualquier persona con la que me cruce.

Quiero tocar sus corazones, quiero decirles esto: ***No estás sola. Eres hermosa. No mereces que te maltraten. ¡Mantén tu fe! ¡Hay una salida, y vale la pena!***

Al final de este libro encontrarás el número gratuito de la Línea Directa Nacional contra la Violencia Doméstica. Comparte este recurso con cualquier persona que creas que pueda necesitar ayuda para superar una experiencia de violencia doméstica. Yo mantengo este número en mi teléfono y lo llevo conmigo siempre para poder compartirlo con alguien que pueda necesitarlo. También comparto esta información cada vez que hablo con grupos contra la violencia doméstica. Nunca se sabe cuándo puedes cruzarte en el camino de alguien que necesita apoyo... y la ayuda que puede salvarle la vida puede estar a solo una llamada de distancia.

Capítulo Uno

Había Una Vez

Había una vez, una niña que vivía en un pequeño pueblo de El Salvador con su madre, padre, cinco hermanos y dos hermanas. Ella era la hija mediana de esta gran familia que luchaba por llegar a fin de mes en un país empobrecido y devastado por la guerra. Sus únicos ingresos procedían de su padre, que era taxista; su mamá trabajó duro en casa para criar a su familia y mantenerla a salvo.

Esta pequeña niña nació en la Iglesia Adventista del Séptimo Día; su educación fue sana, protegida y estricta. No se bebía ni se fumaba en el hogar, y sus padres hicieron todo lo posible para proteger a sus hijos de las drogas y la violencia que los rodeaban en el barrio. Su padre era severo y la mantenía dentro de casa la mayor parte del tiempo, pero siempre podía hacerla reír y ella sabía que él la amaba y la protegería.

¡Qué niña tan vivaz! Le encantaba cantar y bailar. Inventaba eventos mágicos como un concurso de Miss Universo, donde ella por supuesto era la anfitriona. En esa ocasión su abuelo la ayudó a encender luces en el patio trasero y sus vecinos serían los jueces. Su madre, que era su mejor amiga, la llamaba "la actriz". Mamá siempre se aseguró de que su hija se divirtiera y se viera (y se sintiera) hermosa, incluso a pesar de los tiempos difíciles.

Aunque vivieron una vida difícil en el barrio, eran una familia feliz. Todos los sábados les encantaba ir a la iglesia con su amorosa comunidad. Puede que la Navidad no incluyera regalos, pero siempre había reuniones familiares y buena comida. Cada año, le encantaba ayudar a conseguir el árbol y decorarlo con luces.

Aunque sus sueños eran grandes, vivió una vida protegida y no conoció mucho del mundo que había más allá de su hogar. Entonces todo cambio...

Cuando tenía 18 años, su familia escapó de la guerra en su país y viajaron a Estados Unidos con la esperanza de encontrar nuevas oportunidades y libertad, solo para descubrir el otro lado de su sueño.

Esta es su historia.

Capítulo Dos

La Vida en Un Mundo de Sueños

Tenía 25 años, le alquilaba una habitación a mi amiga Angela y trabajaba en una joyería en el centro. Éramos pobres, pero nos divertíamos. Mi camino hasta este punto había sido difícil: mis raíces habían sido arrancadas para escapar a Estados Unidos. No logré graduarme de la escuela secundaria en mi país y no hablaba inglés; aprendí por mi cuenta principalmente viendo las noticias y los programas de televisión. Había estado tan protegida que no sabía cómo socializar y me sentía tímida con los demás la mayor parte del tiempo, principalmente porque mi pobre nivel de inglés se sentía como una barrera. Pero estaba muy agradecida de estar aquí; amaba este país y la ciudad en la que vivía, mi familia estaba a mi alrededor y me estaba abriendo camino en este mundo nuevo y emocionante.

A Angela le encantaba salir a discotecas, lo cual no era lo mío. Una noche salimos a cenar. Cuando terminamos, Angela quería que la acompañara al club porque quería conocer al portero para que nos dejara entrar al club gratis. Yo no quería ir. Sólo quería llegar a casa y dormir. Ella me suplicó: *¡Vamos, Ana! ¡Haz esto por mí! ¡No nos quedaremos mucho tiempo, lo prometo!* Aun así, lo rechacé y ella prometió llevarme a casa.

Sin embargo, en el camino pasó por el club y me sentí obligada a bajar del auto y entrar con ella.

No hacía mucho que estábamos allí cuando un chico invitó a Angela a bailar. Ella estaba vestida muy bonita, así que salió directamente a la pista de baile. Me sentí cohibida con mis jeans y mi sudadera, así que me quedé afuera de la pista de baile, sola, mirando a mi alrededor sintiéndome un poco estúpida, esperando a que ella se divirtiera para poder regresar a casa.

De repente, sentí un toque en mi hombro y me di vuelta para ver a un hombre alto, guapo y muy musculoso sonriéndome. ¡Era el portero que Angela quería conocer! Me preguntó mi nombre y si quería un trago. No bebo, dije, pero tomaré un refresco. Está bien, respondió, no te vayas, ya vuelvo.

Se volvió hacia la barra y desapareció entre la multitud. Lo miré, preguntándome por qué se molestaría conmigo: había tantas chicas hermosas alrededor. Capté la mirada de Angela en la pista de baile, me sonrió y me hizo una señal con el pulgar hacia arriba. Ya que ella estaría muy feliz si yo lo conocía y él nos dejaba entrar gratis al club la próxima vez. Pensé en quedarme y hablar con él si regresaba.

Efectivamente, regresó a los pocos minutos con mi refresco y comenzamos a hablar. Su nombre era John y fue muy encantador y amable conmigo.

Durante toda la noche iba y venía, hablando con otras personas, pero siempre volviendo a mi lado. Parecía popular y me gustaba ver a las personas con las que estaba, sonriendo y disfrutando unos de otros. Comencé a sentirme orgullosa de que él me hubiera elegido y regresara a mi lado.

En un punto, hacia el final de la velada, John me pidió mi número y luego me susurró: Vas a ser la madre de mis hijos. Fue sorprendente y dulce escucharlo, pero no le presté atención. Angela y yo dejamos el club poco después y, aunque me sentí atraída por él, no esperaba volver a verlo nunca más.

Bueno, John me llamó a la mañana siguiente. Yo estaba consciente de mi falta de fluidez al hablar inglés por teléfono, pero a él no parecía importarle en absoluto. Empezamos a tener citas. Me llevaba a restaurantes caros y salíamos con sus amigos, que eran buenas personas.

Llevábamos unas dos semanas saliendo cuando fuimos a la fiesta en la piscina de su amigo. A medida que nos acercábamos al largo y sinuoso camino bordeado de árboles, lo que de repente apareció ante mí fue una hermosa mansión. ¡Era la primera vez en mi vida que veía una mansión real! Mis ojos debían ser tan grandes como platos mientras miraba las enormes habitaciones con sus lujosos muebles y el exterior, donde había una resplandeciente piscina azul.

Me sentí como si estuviera en un sueño mágico y maravilloso mientras John y yo nadamos juntos en esa magnífica piscina entre gente hermosa, elegante y feliz. Mientras estábamos sentados juntos en la sauna, John me dijo por primera vez que realmente se preocupaba por mí y que quería tener una relación seria. ¡Estaba tan feliz porque para mí él era como el Príncipe Azul en un cuento de hadas!

Empezamos, a vernos muy frecuentemente, y a pasar horas hablando por teléfono. A veces aparecía inesperadamente en mi puerta para decirme que me extrañaba. Se sintió extraño escucharlo decir eso, pero estaba tan absorta en este torbellino de romance que decidí no pensar en ello. Cuando estábamos con sus amigos, me llamaba su novia. Estaba emocionada y apenas podía creer lo afortunada que era de estar con este hombre.

Nos divertimos mucho juntos y agradecí que a él no le importara mi inglés deficiente ni que alguna vez se burlara de mi fuerte acento. A veces era difícil entendernos porque todavía estaba aprendiendo inglés, pero poco a poco fui aprendiendo a comunicarme mejor.

Él siempre estaba vigilándome, lo cual pensé que era su forma de ser extradulce y afectuoso. Había estado en una relación anterior de la cual nació mi hermoso hijo Luis. Desde hacía algún tiempo estaba sola, trabajando y criando a mi hijo. Ahora, había alguien que me ayudaba a sentirme segura y protegida.

Nuestra vida juntos era emocionante porque conocía a mucha gente que vivía en lugares increíbles y sabía cómo organizar fiestas enormes y divertidas. Nunca bebí alcohol ni tomé nada relacionado con drogas, pero no me importaban las fiestas porque nada parecía salirse de control. Sólo gente divirtiéndose.

Después de unos meses, comencé a descubrir un poco más su carácter. Al principio, pensé que formaba parte natural de tener una relación: con el amor creciente llega ver a tu pareja tanto en sus momentos bajos como en sus mejores momentos. Pero tenía la sensación de que John estaba empezando a cambiar en formas que yo no entendía. Su estado de ánimo cambiaba dramáticamente: en un momento estaba feliz y al siguiente estaba irritado, y al siguiente hacía chistes, así que nunca estaba muy segura de lo que vendría después.

Me resultó difícil entender qué estaba pasando con él y empecé a pensar que tal vez no estaba siendo lo suficientemente amable o justa con él. Pensé que tal vez simplemente estaba cansado de trabajar de noche. Así que le di el beneficio de la duda y me esforcé más por ser la novia que él quería que fuera.

Un día, no supe nada de él por mucho tiempo, así que lo llamé y no contestó el teléfono, lo cual era extraño. Comencé a preocuparme por él y lo llamé intermitentemente todo el día. Sin respuesta.

A la tarde siguiente me volvió a llamar y le pregunté: *¿Qué pasa? ¿Estás bien?* Él respondió: *¡No pasa nada!* Luego empezó un largo monólogo sobre lo enojado que estaba conmigo porque estaba listo para comenzar una nueva vida conmigo y yo no mostraba mucho interés. Me sorprendió: ¡nos acabábamos de conocer! Le dije: Esto es muy pronto, pero si realmente crees que puede funcionar, entonces supongo que puedo pensar en ello. *¿Y qué pasa con Luis?*

Luis tenía tres años y era mi orgullo y alegría. Sabía que no debía casarme y tenía miedo de ir demasiado rápido porque necesitaba asegurarme de que mi hijo estuviera bien. Estaba muy unido a mi familia que vivía cerca. Mi hijo y yo estábamos bien. Pero a John parecía gustarle Luis y era generoso y amable con él, y a mi familia parecía gustarle John.

Finalmente me convenció para que nos mudáramos juntos. Estaba un poco preocupada por cómo todo parecía ir tan rápido. Pero sabía que, si las cosas no salían bien, tendría a mi familia cerca de mí y tendría un lugar para mi hijo y para mí.

Entonces formamos una pequeña familia y nos mudamos juntos frente a la casa de mi hermana mayor. ¡Estaba muy feliz! Pensé que había encontrado a mi Príncipe Azul y que ese era el amor verdadero. John fue muy amable y cariñoso. Me colmaba de todo tipo de regalos como ropa, zapatos, flores, dinero.

Él era espontáneo y decía: ¡Haz las maletas, Ana, dentro de dos horas nos vamos a coger un avión! Volábamos a algún lugar fuera del estado y me entusiasmaba mucho viajar. No importaba si era volando o conduciendo, nunca había soñado que podría tener experiencias como estas en mi vida, habiendo crecido en un ambiente de pobreza y protección.

Yo era consciente de que estaba tratando de impresionarme con cosas materiales. Le gustaba que me vistiera muy elegante para poder lucirme ante sus amigos en fiestas y diferentes eventos. Empecé a vestirme diferente que antes, me sentía un poco incómoda; -no era mi estilo-. Pero todo esto era tan nuevo para mí, ahora me parecía a sus amigos y a las personas de su vida. Era otro mundo y pensé que era emocionante.

Y... ¡era otro mundo que se movía tan rápido que apenas podía seguirle el ritmo! Realmente no sabía nada sobre John. Mencionaba que sus hermanas eran famosas, pero yo no le creía, porque nunca las vi mientras éramos novios. De hecho, nunca vi a su familia en absoluto. Y con mis problemas con el inglés, no entendía mucho de lo que me decía. Cuando me sacaba, yo siempre estaba a su lado, luciendo hermosa, él me decía, y la mayor parte del tiempo sonreía más de lo que hablaba.

Éramos felices, al menos durante estos primeros meses.

No voy a mentir, me emocionó ver una vida completamente nueva que nunca había tenido, una que era posible para mí y para mi hijo. Nunca me importó tener regalos o ir a lugares exóticos, todo el brillo y la celebridad. Yo era, y sigo siendo, una persona sencilla que ama las cosas sencillas. Pero me dije a mí misma que aquí estaba este hombre increíble, quien alcanzaría las estrellas y me traería una. Inventé una historia en mi cabeza sobre lo maravillosa y perfecta que sería mi vida.

Aquí estaba mi Príncipe Azul y, mirando hacia atrás, veo que deseaba desesperadamente creerlo.

Capítulo Tres

¿Dónde Está Mi Príncipe Azul?

Aproximadamente tres meses después de que nos mudamos a vivir juntos, un domingo, llegué a casa del trabajo y pensé: *¡¿Qué está pasando en mi casa?!* Había autos estacionados a lo largo de la calle, música y risas, y el aroma de la barbacoa proveniente de nuestro patio trasero. John salió por la puerta principal para saludarme y decirme que tenía una sorpresa para mí.

Se estaba celebrando una fiesta y todos sus amigos estaban allí pasando un buen rato. Caminé para saludarlos a todos. Apenas había conseguido un refresco cuando John levantó los brazos y gritó: *¡Silencio, silencio todos! ¡Tengo algo que decir!*

Entonces John se volvió hacia mí, sacó una cajita del bolsillo de su chaqueta y dijo delante de todos: *Ana, ¿te casarías conmigo?*

¡Estaba sorprendida! Ninguno de mis familiares o amigos estaba allí, y dentro de mi cabeza, los pensamientos corrían: *¿Qué digo? ¡Apenas te conozco! ¿Por qué ahora? ¡Todos están aquí y no quiero avergonzarte y decir que no! Es demasiado pronto... ¿Realmente me amas?*

Creí que él me amaba. Mi cabeza y mi corazón estaban llenos de emoción. Había toda esta alegría a mi alrededor y todos los ojos estaban puestos en mí. Me oí decir: *Sí*.

El resto de la tarde fue una locura porque dentro de mí gritaba: *¿QUÉ HICE?*

Esa noche, mientras apoyaba la cabeza en la almohada, me dije que él me amaría y protegería.

Estaba tan equivocada.

Pero un día pasé junto a su coche en el camino de entrada y vi algo tirado en el suelo: era su ropa interior. Entonces le pregunté por qué estaba allí. Inmediatamente se enojó y gritó: *¿Por qué me buscas en mi auto?* Respondí: *No estoy buscando en tu auto. Estaba ahí, en el suelo.* Me miró fijamente y gritó: *Bueno, no es nada, ¡no te preocupes!*

Me sorprendió tanto que simplemente me detuve y cerré la boca. No quería decir cualquier cosa que pudiera empeorar la discusión.

Esta era la primera vez que veía a John tan alterado, viéndolo a punto de explotar y esforzándose por controlarse.

Me quedé en silencio. En unos momentos, volvió a ser el mismo de antes, agradable y encantador, haciendo chistes para calmar la situación.

Pronto lo dejé pasar porque parecía estar haciendo todo lo posible para compensarlo. Estaba dispuesto a confiar en cualquier cosa.

La primera vez que conocí a su familia me llamó la atención algo en lo que luego pensé mucho. Mientras estábamos sentados en su sala conociéndonos, mi suegra Claudia le dijo a John: *Sé bueno con Ana. Ella es lo más lindo que te podría pasar en la vida.*

Parecía algo extraño de decir, pero sonreí porque me halagaba que ella dijera algo así y parecía demostrar que realmente le agradaba. Mientras regresábamos a la casa, parecía muy feliz de que su madrastra nos hubiera aceptado a mí y a mi hijo.

La vida continuó, volviendo a casa del trabajo a fiestas improvisadas con sus amigos en nuestra casa, sacándome y mostrándome a nuevos amigos, y colmándonos a Luis y a mí de regalos. Para mí, era brillante: su sonrisa de oreja a oreja, sus bromas, su amabilidad y su encanto. Estaba demasiado preocupada y enamorada para ver algo más.

Era Ignorante por completo de que estaba en brazos de una bestia.

Aproximadamente cuatro meses después, nos mudamos del otro lado de la calle donde estaba mi hermana, a otro lugar de la ciudad. No podía visitar a mi madre con tanta frecuencia como cuando vivíamos cerca, especialmente porque no tenía coche. Cuando iba a verla, el teléfono de la casa sonaba minutos después de mi llegada. Sería John.

¿Hay alguna razón por la que tu hombre te llama tanto? me preguntó mi madre. *Él me ama*, -le respondí-, *le gusta estar conmigo y me extraña*. Mi madre meneaba la cabeza: *¡Eso no tiene sentido! Acabas de salir de casa y no es posible que él te extrañe tanto cuando vives a 20 minutos de distancia*. Empecé a creer que lo que mi madre me decía era verdad.

Se volvió cada vez peor. Me di cuenta de que me llamaba a mi trabajo y que el teléfono sonaba en el momento en que entraba a casa después del trabajo o de compras. Al principio, era agradable tener a alguien siempre vigilándome, "protegiéndome".

Un día, mi jefe me llamó aparte para advertirme que tuviera cuidado con John, diciendo que no estaba seguro de que fuera una buena opción para mí. Le dije gracias, pero no lo escuché ni a él ni a ninguno de mis otros amigos que empezaban a decirme lo mismo. Me convencí de que solo lo criticaban porque eran intolerantes.

Luego noté que me seguía mucho, apareciendo incluso en mi trabajo. Una vez, mis compañeros de trabajo me invitaron a una barbacoa durante el fin de semana y John insistió en venir conmigo para que estuviera "segura". Fui tan ingenua que realmente no entendí que se trataba de que él quería controlarme. Más amigos míos me decían que no les agradaba y que tuvieran mucho cuidado con él.

Pero no quería escuchar, no podía escuchar.

Pronto, John decidió que me dejaría y recogería del trabajo, lo que me hizo feliz porque había estado tomando el autobús todos los días, esto iba a ser mucho más conveniente. Pero a medida que pasaba el tiempo, a menudo olía el perfume de mujer adherido al cinturón de seguridad del lado del pasajero. Si le preguntaba quién más había estado en el coche, me respondía: *¿Por qué me haces una pregunta tan estúpida como esa?* Si respondía que olía perfume, me llamaría loca. Sabía que estaba mintiendo sobre las mujeres en su auto, pero me convencí de pensar que podría ser solo una de sus amigas. Y era más fácil permanecer en silencio que hacerlo enojar.

No pasó mucho tiempo antes de que empezara a recogerme tarde del trabajo cada vez con más frecuencia. Un día llegó muy tarde, así que pensé que algo había pasado y decidí tomar el autobús a casa por mi cuenta. En el camino a casa, miré casualmente por la ventana y para mi sorpresa, ¡al lado del autobús estaba su coche!

John me estaba siguiendo. Debió haber estado mirándome salir del trabajo para saber que iba a tomar el autobús (en aquel entonces no teníamos teléfonos móviles para rastrear la ubicación de alguien). ¿Estaba tratando de ver si estaba hablando con un hombre o algo más? ¡Era una locura!

Cuando me bajé del autobús en mi parada, su auto se detuvo frente a él, me llamó por la ventana abierta para que subiera al auto y condujimos el resto del camino a casa. Me quedé en silencio por un rato invadida por la tristeza. Esto no tenía ningún sentido. No estaba haciendo nada para hacerle sentir que lo estaba engañando o siendo infiel de alguna manera. Podía sentir que él estaba enojado, lo cual tampoco tenía sentido porque, claro, ¡fue él quien me dejó esperando 45 minutos!

Quería decir: *¿Cómo te atreves a hacerme esto? Soy buena contigo y te amo. ¿Eres tan inseguro que te esconderías de mí para sorprenderme haciendo algo que nunca haría?* Pero no dije nada, pensando que debía haber una razón... y debía ser culpa mía.

Ahora que lo pienso en retrospectiva, yo era el objetivo perfecto para alguien como John. Yo era tan inocente, confiada e ignorante. Vengo de un país y una cultura diferente, y mi idioma era una barrera para comunicarme realmente con él, entenderlo y que él pudiera entenderme, tal vez así era exactamente como le gustaba. No tengo idea de por qué creí en sus historias, sus mentiras y excusas, pero lo hice. Simplemente no podía comprender lo que realmente estaba pasando y qué clase de persona trataría a su esposa de esta manera.

John se obsesionó cada vez más conmigo. Literalmente estaba tratando de dictarme cómo debía vivir mi vida: con quién podía estar, adónde podía ir. Me encantaba estar con mis amigos, entonces ¿por qué tuve que dejar de verlos? No lo entendí.

John diría: *En realidad no son tus amigos. No los necesitas. Yo soy tu amigo. Es simple, no necesitas a nadie a tu alrededor. Siempre estaré ahí para ti.*

Si intentaba discutir con él, no llegábamos a ninguna parte. Empecé a decirle a una amiga que no podía cenar con ella ni ir a una fiesta o lo que fuera, inventando cada vez una excusa porque me daba demasiada vergüenza decir la verdadera razón. Luego subía a mi habitación para pasar otra tarde solitaria, mientras él estaba en el club o con sus amigos. Me estaba poniendo cada vez más triste al darme cuenta de que había cometido un error y no estaba segura de poder romper con él.

Amaba a John y era muy difícil verlo todo con claridad. Me sentía incierta sobre mi futuro, así que decidí esperar un poco más, ser amable y paciente y ver si él podía cambiar su comportamiento.

Sin embargo, algo no estaba bien: no creía del todo lo que intentaba decirme a mí misma. Algo dentro de mí quería que prestara atención y me estaba preocupando porque sabía en el fondo de mi corazón que este hombre me controlaba cada día más.

Un día, la presión de todo esto se volvió demasiado. Aunque tenía miedo de que a John no le gustara, de alguna manera me armé de valor para enfrentarlo, y mi propia ira y frustración se desbordaron: *¿Por qué me llamas tanto? No me gusta. Es raro que me llames para ver cómo estoy. Siento que no confías en mí. Es tan vergonzoso que mis amigos y familiares piensen que no es normal llamar a todos lados. Creen que me estás controlando. ¡Deja de hacerme parecer horrible! No te estoy mintiendo, así que por favor detente. Estoy en el lugar que te digo y puedes confiar en ello. ¿Puedes decirme por qué me haces esto? Me preocupa que todos mis amigos y familiares hayan visto el mismo patrón, y eso me pone realmente... triste y..."*

John me miró con tanta crueldad en sus ojos que instantáneamente me detuve a mitad de la frase y me quedé mirándolo. Se enfureció y me gritó que me callara, que me vigilaba porque me ama, para asegurarse de que estuviera a salvo. Que mi familia y amigos son los que están locos, y no me aman, y así sucesivamente...

Luego salió de la casa pisando fuerte, dando un fuerte portazo.

Las cosas empeoraron mucho después de eso. John dictó con quién podía hablar por teléfono, a quién visitaba y quién podía visitarme. Se mostró tan celoso y molesto por todo, que algunos de mis amigos dejaron de verme y yo me volví cada vez más reacia a verlos a ellos o a mi familia. Empezó a decir cosas viciosas, insultándome y diciéndome que no valía la pena, incluso que no valía nada. Luis estaba empezando a tener miedo de John y se mantenía alejado de él tanto como podía.

Llegué al punto en que me sentí incapaz de hablar en absoluto porque tenía miedo de hacerlo enojar. Con todas sus intrusiones y llamadas telefónicas durante todo el día, me hizo realmente difícil seguir trabajando, así que dejé mi trabajo.

Luego quedé embarazada. Ya estaba viendo señales de que John también había dejado de ser tan amable con Luis. Con sus cambios de humor cada vez mayores y su rápida ira, estaba actuando de manera más cruel con mi pequeño. Yo estaba lista para soportar el abuso verbal, pero fue doloroso ver que le sucediera a mi hijo.

¿Pero qué podía hacer ahora? Estaba embarazada, atrapada y sentí que no tenía más remedio que quedarme.

Capítulo Cuatro
El Sueño Se Desmonta

Estaba tan avergonzada de mí misma. Apenas podía reconocer a la joven brillante, feliz y esperanzada que había sido unos años atrás. Ya no me gustaba ni me quería. Ya no me sentía hermosa ni digna.

La vida soñada que había imaginado con mi Príncipe Azul se estaba convirtiendo en una pesadilla. Tenía tantas ganas de creer que era un mal sueño, día tras día imaginaba que despertaría con el marido del que me había enamorado, riendo con mi hijo y disfrutando de mis amigos y mi familia.

No quería que nadie supiera que ahora estaba siendo abusada de alguna manera todos los días, atrapada en la casa sin trabajo, sin vida social, sujeta a cualquier estado de ánimo o capricho que John sintiera, convirtiéndome en su blanco de insultos, empujones y puñetazos. Estaba sufriendo por mi hijo y me dolía saber que mi pequeño tenía que ver a su madre maltratada así. John a veces también golpeaba a Luis y yo trataba de intervenir cuando podía. Pero no servía de nada porqué cuando yo nos defendía solo lo empeoraba.

Cuando estábamos con su familia o amigos, yo sonreía feliz, actuaba como si todo estuviera bien y no decía nada. Si me preguntaban cómo estaba, decía: Bien... todo está bien. Sabía que no me veía muy bien. Había aumentado de peso, tenía círculos oscuros bajo los ojos debido al estrés y el cansancio, y ni siquiera podía elegir qué quería ponerme porque John también tenía el control de eso. Cuando estábamos con otras personas, John era encantador, divertido y amable: el hombre del que recordaba haberme enamorado y haberme casado.

Todo parecía tan imposible, pero esto se estaba convirtiendo en mi realidad todos los días. La verdad es que estaba sometida regularmente a abusos mentales, físicos y verbales. Estaba empezando a no confiar en mi propia mente, empezando a creer que todo era culpa mía, a creer lo que él me decía sobre mí: que era fea, gorda, estúpida y sin valor. Cuando era tan amable con todos los demás, ¿de qué otra manera podría entender por qué me trataba tan mal? Debo merecer este abuso porque me lo hice a mí misma: odiaba cada error, cada defecto, cada vez que intentaba replicar o decir lo correcto. Debe ser todo culpa mía.

Mi vida ya no me pertenecía. John tenía el control total de mi vida y mi mente.

Nunca sabía cuándo regresaría del trabajo o el club, esperando enfadarse y empezar una pelea.

Si a él no le gustaba lo que cocinaba, tiraba el plato contra la pared, gritando y llamándome estúpida y que ni siquiera sabía cocinar. A veces le tenía tanto miedo que mi corazón se aceleraba y corría al baño a vomitar o simplemente a calmar mi corazón. A veces latía tan rápido que pensaba que podía estar sufriendo un infarto (después supe que lo que estaba experimentado fueron ataques de pánico).

Luego, con la misma rapidez, había uno o dos días a la semana en los que era feliz: agradable, encantador, sin problemas. Salíamos todos a dar una vuelta o cenábamos en un restaurante. Cada vez, esperaba que este fuera el momento que durara, que él volviera a ser el mismo de antes y que volviéramos a ser felices. Pero cada vez, de repente volvía a ser su yo abusador y todo empezaba de nuevo. Nunca sabría cuando empezaría o qué tan malo iba a ser.

Mi mente estaba siendo controlada y creía que no tenía poder para llamar a la policía, ni que ellos podían hacer nada para ayudarme. Después de todo, yo no valía nada. Estaba demasiado avergonzada para pedir ayuda a nadie más.

Mi mente se volvió tan confusa y estresada que no podía ver la magnitud del control que él tenía sobre mí. No podía ver que me había aislado de cualquiera que pudiera apoyarme o ayudarme. Su plan era atraparme con él para poder controlar todo lo que hacía. Y lo estaba logrando. Mi mente no podía ver que él me veía como débil y que me había creado para ser el blanco de toda su ira y odio y de lo que fuera que estuviera sufriendo. Se volvió grosero y malo, simplemente buscando pelear por cualquier cosa para poder desquitarse conmigo. Yo era su saco de boxeo. No le importaba cómo hablaba o trataba a mi hijo o a mí.

Creí que tenía una enfermedad mental, pero me sentí incapaz de hacer algo al respecto. Incluso tenía miedo de investigar sobre enfermedades mentales en caso de que él se enterara.

Lo que sí vi fue que estaba en una situación muy mala, pero no sabía qué hacer. Estaba asustada y deprimida. Un día siguió a otro. Muchas veces ni siquiera sabía qué día era. Hice todos los trámites por el bien de Luis, llevándolo a la escuela, vestido y lo más seguro posible para su vida.

Cuando John estaba fuera de casa, a menudo toda la noche con esta o aquella mujer, yo lloraba y lloraba, preguntándome: *¿Por qué está pasando esto? ¿Por qué quiere hacerme daño? ¿Por qué?* Pero no hubo respuestas para mí.

En mis momentos más claros, sabía que estaba viviendo con una bestia, un monstruo. No podía entender qué había hecho para que este hombre fuera tan malvado con nosotros, pero me había puesto en esta situación, así que era yo quien debía descubrir cómo salir de ella.

¿Cómo? No tenía ni idea.

Comencé a orar día y noche porque tenía mucho miedo. Dado que todo fue culpa mía, ¿qué querría Dios que hiciera? Si merecía esto, ¿debería aceptar mi vida y acostumbrarme a vivir con ese monstruo? No lo sabía, pero tenía fe y confianza en que había una respuesta. Y ahora Dios me estaba dando otro hijo. Debe haber una razón y no pude hacer nada más que orar por la respuesta de Dios. Recé por el bien de mis hijos, para que me diera la fuerza para traer a este niño al mundo y proteger a mi hijo hasta que yo fuera liberada de esta situación, incluso si la respuesta de Dios me costara la vida.

"Tú eres mi refugio; tú me libras del peligro, por eso, con voz fuerte, canto y festejo mi liberación. Tú me dijiste: «Yo te voy a instruir; te voy a enseñar cómo debes portarte. Voy a darte buenos consejos y a cuidar siempre de ti..." (Salmos 32:7-8 NKJV)

Esperé tanto como pude para decirle a John que estaba embarazada porque no tenía idea de cómo reaccionaría. Qué alivio fue que cuando se lo dije, se puso MUY feliz. Me dijo que iba a cambiar y que se aseguraría de que el bebé estuviera sano. Intentó ser amable por primera vez.

Pocos meses de mi embarazo, siendo más amable con Luis y conmigo y comprando cosas para el bebé. También me dijo que me asegurara de que fuera un niño, porque quería un niño. *Solo asegúrate de que sea un niño.* Recé todos los días para que el bebé fuera un niño. Pronto llegó el momento de hacerse la ecografía para conocer la salud y el sexo del bebé. Me aseguré de programar la cita cuando sabía que John estaría ocupado, en caso de que fuera una niña, y fui sola.

Efectivamente, me confirmó que iba a tener una niña. *¿¿Está seguro??* Yo le pregunte a ella. *¿Puedes volver a comprobarlo?* Lo comprobó nuevamente y dijo: *¡Sí, estoy 100% segura de que es una niña!* ¡Estaba MUY feliz porque quería tener una niña, mi princesa! Pero pronto, el miedo se apoderó de mí... Tendría que decírselo a John.

Tan pronto como llegué a casa, me preguntó si iba a tener un niño y entré en pánico: simplemente no podía decírselo. Dije que todavía no estaban seguros y lo sabríamos en la próxima cita. Tenía mucho miedo de lo que haría, aunque sabía que eventualmente lo descubriría. Simplemente no podía pensar con claridad.

En nuestro chequeo de cinco meses, John insistió en ir conmigo. Estaba tan nerviosa que temblaba cuando entramos al consultorio del médico. Ella hizo la ecografía y John dijo: *Quiero saber el sexo de nuestro bebé. ¿Es un niño?* Me quedé helada.

El médico dijo: *No, ¡le dije a su esposa que va a tener una niña!*

John se puso rígido y apretó los puños a los costados, la expresión de su rostro era aterradora. Se enojó tanto que se enfadó con el médico. Ni siquiera estoy segura de lo que estaba gritando, pero aún puedo recordar la sorpresa en su rostro. Estaba tan avergonzada. Luego se volvió contra mí: *¿Ya SABÍAS que era una niña, pero me lo ocultaste? ¿Por qué me lo ocultaste?* Temblando como una hoja, solté: *¡Porque si te dijera que era una niña, te enfadarías y podrías pegarme!*

Estaba furioso y empezó a criticarme, a gritarme cosas malas, a ponerme apodos horribles y a montar una escena que todos en la sala y en la sala de espera podían oír. El personal del hospital empezó a mirarnos, me miraban como si sintieran mucha pena por mí. Si tan sólo supieran...

Incluso en ese momento, vi la simpatía por mí en los rostros de esas personas, pero no pude asimilarla, aceptarla o entender que me lo merecía. Tenía demasiado miedo y vergüenza para siquiera pensar que alguien aquí podría ayudarme. Lo único que podía pensar era que había cometido un terrible error al mentirle, y ahora mismo sólo tenía que protegerme a mí, a mi hijo y a esta pequeña niña que venía al mundo.

John me agarró del brazo y me sacó del hospital y me llevó al auto, gritando todo el camino mientras la gente se detenía y me miraba en estado de shock. Condujo a casa corriendo por las calles, desviándose como un loco y sin dejar de gritar. Me insultaba, me acusaba de mentir y me decía que no amaría a mi hija.

Todavía gritando y maldiciendo en voz alta mientras conducíamos hacia la casa, me dejó y volvió al trabajo. Esa noche, lloré en mi habitación durante horas, sintiéndome muy mal porque no podía darle un niño; así de fuerte era el control mental. Todavía hoy me duele terriblemente mientras escribo esto porque creía que iba a rechazar a mi hija, la encantadora princesa que llevaba dentro de mí. Adoré a mi hija desde el día que la concebí, como había adorado a mi primogénito. Debería haber sido un día de regocijo, no de horror.

Me arrodillé y oré nuevamente, esta vez pidiéndole a Dios que calmara a mi esposo para que no se sintiera muy triste cuando regresara a casa después del trabajo, para que todos pudiéramos estar a salvo.

Capítulo Cinco

Patrones Aterradores

Había un patrón en el comportamiento de John. Se enfurecía por la cosa más pequeña, me golpeaba o me hacía daño de alguna manera, salía de la casa y permanecía fuera unas horas o toda la noche. Luego regresaba a casa con todo tipo de disculpas, jurando que no volvería a lastimarme. Me ofrecía regalos para que lo perdonara. Yo le decía que yo también lo sentía para que fuera amable conmigo, pero ya no me salía del corazón.

Incluso desde el comienzo de nuestra relación, nunca había querido todos los regalos que él me daba, y ahora odiaba que me ofreciera estas cosas porque todo era parte de su engaño, solo otra forma de tortura. Escondí los regalos, nunca los usé, o cuando tenía la oportunidad, se los regalaba a los vecinos; estas cosas materiales sin sentido eran solo un recordatorio de mi dolor.

Creo que después de la fatídica visita al médico, John pudo haber ido a hablar con su familia, porque regresó a casa y me dijo que me callara y solo escuchara. Luego dijo que decidió aceptar que tuviéramos una niña. Durante el resto del embarazo, me dejó sola, enfadándose ocasionalmente por cómo le había mentido y aprovechando las oportunidades habituales para decirme que no servía para nada, que nunca sería nada en la vida, que era estúpida y sin valor – lo mismo que yo había estado escuchando casi todos los días de mi vida con él.

Ahora, John casi nunca estaba en casa y sabía que me estaba engañando con diferentes mujeres. Para ser honesta, no me importaba. Esperaba que se enamorara de otra persona y me dejara para poder ser libre.

Llegó el maravilloso día en que nació mi princesa. ¡Era tan hermosa y saludable! La besé y la bendije inmediatamente, orando para que su padre la amara y la tratara con amabilidad, y prometiendo que sólo Dios sabría por lo que su padre me estaba haciendo pasar.

Como tuve una cesárea, John no estuvo allí para el nacimiento de su hija, pero vino después a verla y parecía muy feliz. Se quedó unas horas y luego se fue, diciéndome que iba al club. Al día siguiente, una mujer me llamó para decirme que mientras yo estaba dando a luz en el hospital, ella estaba teniendo relaciones sexuales con John en nuestra cama. No tengo idea de por qué quería decirme esto, y la verdad es que ya no me importaba lo que él hiciera. Pero dolió de todos modos: otro recordatorio de que esos raros momentos de alegría que tuvimos solo se oscurecerían en la tristeza, la maldad y el dolor.

Mi hermosa nueva hija, Karla Marie y Luis eran las alegrías de mi vida, y todo lo que importaba ahora.

Unos días más tarde, John volvió a visitarme en el hospital, me habló de los clubes a los que asistía y me mostró una fotografía de una de las bailarinas que actuaba allí. Me sentí cansada, débil e irritada por toda su charla (sabiendo que él también tenía mujeres en mi cama mientras yo estaba allí recuperándome en el hospital), así que le pregunté: *¿Por qué estás hablando del club y mostrándome esta foto? ¿Por qué me cuentas todas estas cosas?*

En un instante, se volvió oscuro y enojado. Saltó de la silla, sacó a la bebé del moisés, gritó que se la iba a llevar y salió corriendo de la habitación con ella en brazos. Grité hasta que entró la enfermera y grité: *¡Se lleva a mi bebé!* El personal lo atrapó en el pasillo y le exigieron que trajera la bebé de regreso a la habitación o iría a la cárcel. Me sentí tan aliviada que lloré. Tan repentinamente como había explotado, John se calmó y se disculpó encantadoramente frente al personal. Pero yo sabía que no se arrepentía.

Una vez que Karla y yo estuvimos a salvo en casa, las cosas se calmaron un poco. Agradecí que John pareciera amar a nuestra hija. Se mostró un poco humilde durante algunas semanas, me decía que todos íbamos a estar bien, que él se arrepentía mucho de haberme lastimado, que me amaba y cambiaría. Quería creerle, pero sabía que era mentira y que sólo era cuestión de tiempo antes de que volviera a ser su yo abusador.

Por ahora, sin embargo, sentí una maravillosa sensación de paz y me encantaba cuidar de mi pequeña familia. Luis estaba muy cautivado por esta princesita, y fue divertido ver eso. Era un hermano mayor tan bueno, que se quedaba con Karla, siempre la acariciaba suavemente y se aseguraba de que estuviera bien.

John estuvo ausente mucho durante este tiempo, lo que dejó a nuestra pequeña familia en paz. Me sentí feliz por primera vez en mucho tiempo, sintiéndome bendecida por estos momentos que pasamos los tres juntos. Mientras John estaba en casa, teníamos que estar muy callados, no hablar en voz alta, no se permitían ruidos, pero al menos no nos hacía daño.

Durante estos dos meses, John pareció volver a ser el mismo de antes, siendo amable con las personas que vivían en nuestro edificio. Pero él todavía tenía control sobre mí, criticándome incluso por saludar a un vecino en los buzones de correo o cuando salíamos a pasear a Karla. Me advirtió que no me involucrara en ninguna conversación que estuviera teniendo con alguien ni que entablara ninguna conversación propia con nadie. Él todavía estaba observando cada uno de mis movimientos.

La cuestión es que John no estaba engañando a nadie. Sabían que algo estaba pasando detrás de las puertas cerradas de nuestro departamento, con todos los gritos, los llantos y los sonidos de la violencia.

Tenían que conocer los patrones extraños de nuestras vidas: yo dentro de la casa la mayor parte del tiempo, su auto ausente durante noches o días, yo a su lado en silencio y con miedo en los ojos. Mantener el control sobre mí y mis relaciones con nuestros vecinos no iba a ocultar su monstruoso comportamiento.

Lo que sé ahora es que el abusador tiene que mantener una imagen falsa de sí mismo y de esta vida perfecta que lleva para ocultar lo que realmente sucede dentro de él. Pueden llegar a ser muy buenos ocultando aquellas partes de su carácter que desencadenan su lado abusivo. Pero al igual que un alcohólico, se vuelve cada vez más difícil manejar todas las historias, las mentiras y el comportamiento. Pueden volverse más desquiciadas, más desesperados y más peligrosas.

Poco a poco, comencé a verlo perder el control de sí mismo y comencé a darme cuenta de que no se trataba solo de mí y de los errores que estaba cometiendo y de la persona inútil que él seguía diciéndome que era. No entendía el carácter de un abusador, pero podía ver los cambios que le sucedían a John y que me perturbaban a mí y a la seguridad de mis hijos.

Un día, Dora, mi vecina de al lado, vio a John golpeándome en el camino de entrada cerca del auto. Ella agarró una escoba, corrió hacia él y lo golpeó con ella, gritando: *¡Deja de pegarle a esa chica! Mira lo grande que eres, ¡qué vergüenza golpear a la madre de tus hijos!*

¡Llamaré al 911 si no te detienes! ¡Debería darte vergüenza agredir a una mujer!¡Los hombres de verdad no golpean a ninguna mujer! ¡Los hombres de verdad protegen a sus mujeres! Ella tomó mi mano y me llevó a su apartamento, dejándolo allí.

¡Oh! ¡Qué aliviada me sentí que alguien realmente viera mi vida y se diera cuenta! Que él no tuvo el control por unos momentos, expuesto como el monstruo que realmente era. Pero el alivio rápidamente se convirtió en terror porque... *¿qué hago ahora?* Mis hijos están en casa y *¿qué pasará cuando regrese a casa?* Dora tuvo la amabilidad de dejarme esconderme en su casa hasta que oscureciera. Tenía mucho miedo de volver y no tenía idea de cómo entraría al apartamento. Sabía que encontraría una manera de culparme y tenía miedo de este hombre de 6 pies 5 pulgadas y de lo que era capaz de hacer.

Dora intentó convencerme de que llamara a la policía o lo dejara, pero mis hijos estaban en el departamento así que le dije que tenía que regresar. Cuando finalmente regresé a casa, encontré que la puerta estaba abierta. Entré de puntillas, esperando desesperadamente que estuviera dormido o afuera en alguna parte. Todas las luces estaban apagadas y en silencio y con cuidado caminé hacia el dormitorio.

¡¿Dónde has estado todo este tiempo?! Salté y mi corazón se detuvo.

Estaba sentado en el dormitorio, a oscuras, esperándome. Estaba de visita en casa de Dora, respondí en voz baja, quedándome cerca de la puerta y sin atreverme a acercarme más. Pero él interrumpió y se puso a gritar, culpándome por lo sucedido, y así sucesivamente. Seguí disculpándome, estando de acuerdo con todo lo que dijo, prometiendo que *me* aseguraría de que Dora nunca se involucrara en nuestras vidas y diciendo lo que sea para que se tranquilizara. Fue desgarrador, pero él nunca me tocó. Esperé a que se calmara y revisé a los niños para asegurarme de que estuvieran a salvo.

Odiaba mentir, me odiaba a mí misma y odiaba estar en la agonía de no saber de un momento a otro si viviría o moriría, que cualquier día podría ser el final de mi vida.

Capítulo Seis

Los Días Más Oscuros

Aprender a lidiar con una pareja abusiva es difícil al principio, pero te adaptas al abuso y aprendes a lidiar con el sufrimiento. Cuando comprendes quién es este monstruo y qué es capaz de hacerte, no sólo física sino también mentalmente, entras en una especie de modo de supervivencia permanente: aprendes sus patrones, tienes una buena idea de lo que lo desencadena y conoces qué decir para calmarlo o que no te golpee más. Haces todo lo que puedes para manejar cada situación para no volverte loca o suicidarte. Esa es una realidad de esta vida.

Cuando digo que John no estaba engañando a nadie, lo que también es cierto es... yo tampoco.

A menudo, cuando me permitía salir a la tienda, llevar a los niños a algún lugar o a la iglesia, tenía que usar gafas de sol para ocultar mi ojo morado. Me maquillaba mucho para ocultar los moretones en mi cara. A veces me dolía tanto el cuerpo por haber sido arrojada al suelo o empujada contra la pared que apenas podía caminar sin sentir dolor.

En la iglesia, a veces sentía como si todos los ojos estuvieran puestos en mí con mis gafas de sol o mucho maquillaje, y la vergüenza era casi insoportable. Nadie nunca dijo nada, pero sabía que Dios estaba escuchando.

Mis gafas de sol escondieron mis lágrimas y mi ojo morado mientras oraba y le rogaba a Dios que me ayudara a salir de esta vida caótica. Todo lo que quería era estar en un lugar seguro con mis hijos, pero no sabía a quién preguntarle (ni siquiera en la iglesia) porque era tabú desafiar a tu hombre o divorciarte. Estaba demasiado avergonzada de mi vida para contárselo a alguien.

Y es más complicado que simplemente no decírselo a alguien. Cuando miro hacia atrás, probablemente varias personas intentaron ayudar, pero estábamos luchando contra un monstruo. Tenían buenas intenciones, pero o no podía permitirme escucharlos o no sabían a qué me enfrentaba y en qué peligro constante estábamos mis hijos y yo.

El lugar donde vivíamos entonces estaba demasiado lejos de mi familia para ayudarme. Mamá era una madre sabia y sabía que algo andaba mal con su hija. Después de no saber nada de mí durante muchos meses, hizo que mi hermano llamara a la policía para pedirles que vinieran a ver cómo estaba. Cuando la policía llamó a la puerta, John abrió y preguntaron por mí. No tenía idea de lo que estaba pasando, ya que nunca los había contactado. Los agentes estaban afuera, en las escaleras. Llegué a la puerta y me preguntaron si estaba bien. Dije que estaba bien y agregué: *¿Puedo preguntar por qué están aquí?*

Me dijeron que mi madre les llamó porque estaba preocupada por mí y quería saber por qué no la había llamado. No debí haber sido muy convincente, porque me preguntaron unas cuantas veces más y de diferentes maneras si estaba bien y, con John detrás de mí, todo lo que pude decir fue: *Estoy bien*. Finalmente pensé en decirle que mi teléfono estaba roto, pero que en cuanto lo arreglara me comunicaría con ella.

Los agentes se marcharon y mi marido desató su ira. Empezó a hacer lo que mejor sabía hacer: pegarme. Luego me arrastró al dormitorio, me arrojó sobre la cama y me presionó la cara con una almohada durante tanto tiempo que casi dejé de respirar. En lo que pareció el último momento de mi vida, me soltó y salió furioso de la habitación. Me quedé allí débilmente, tratando de recuperar el aliento. Tenía tantas manchas de sangre (contusiones) en la cara que parecía como si tuviera varicela. Fue terrible, pero gracias a Dios pude volver a respirar.

Y dije una oración de gratitud a mi mamá y a mi hermano por tratar de ayudar; me reconfortó saber que no estaba totalmente sola.

Después de lo que John me hizo, supe que todo lo que John y yo tuvimos entre nosotros algún día, había desaparecido, arrastrado como cenizas por el viento.

A veces, ni siquiera podía recordar esos primeros días de vivir con mi Príncipe Azul. A veces ni siquiera podía recordar quién ERA antes de conocerlo.

Desde hacía muchos años, había sido humillada y maltratada con regularidad. Yo era gorda. No me importaba cómo me veía. Comía por la noche cuando él se iba a la cama. Me mantuve alejada de él tanto como pude mientras cumplía con mis deberes como esposa. Aprendí a mantener una sonrisa falsa en mi cara y fingir estar feliz sin importar lo que estuviera pasando, sin importar lo deprimida que estuviera. Nunca pude tener un sueño profundo. Tenía que despertarme todos los días junto a un hombre que me hacía preguntarme si este sería el último día.

Lo único que me importaba eran mis hermosos hijos. Aprendí a sobrevivir, sabiendo que tenía a estos niños a quienes amar y proteger. La única alegría que recuerdo durante esos tiempos fue ver a mis hijos seguros, orar a Dios para que me protegiera y me concediera vida, no para mí, sino para asegurar que mis hijos tuvieran la vida segura y amorosa que yo podía darles.

Muchas veces me sentí derrotada, ¡pero nunca dejé de luchar por mis hijos y por mi libertad! Mi vida estaba llena de incertidumbre.

Pero en lo más profundo de mi ser, me negaba a creer que no había esperanza ni un futuro mejor mientras pudiera sobrevivir.

Empecé a orar más y más; DIOS era mi único refugio. Leía la Biblia para conocer Sus promesas, escuchaba las palabras de consuelo y sabía que un día Él me rescataría de las manos de ese hombre malvado.

Quería huir, pero mi mente aún no estaba lista. Estaba esclavizada por mi marido y no había lugar en mi imaginación para encontrar una manera de escapar. Durante tantos años se dijo que sin él no era nada, que a nadie le importaría yo, o que nadie alguna vez me amaría tanto como él lo hizo. Nadie se acercó a mí; No tenía idea de dónde estaba mi familia y tenía miedo de intentar contactarlos. No entendía nada; Todo lo que sabía era que estaba acostumbrada a que abusaran de mí y que esta era mi vida en ese momento, sin posibilidad de escapar.

John había perdido su trabajo (nunca supe por qué) y acababa de empezar un nuevo trabajo como guardia de seguridad. Se sentía muy poderoso porque le entregaron un arma que llevaba a todas partes. Por alguna razón, se estaba volviendo aún más malo y ya no había relación ni civilidad entre nosotros. Rara vez iba a ningún lado, no salíamos juntos muy a menudo y él salía mucho. Karla tenía alrededor de seis meses, así que estaba muy ocupada con los dos niños y tenía poco tiempo para socializar.

Todavía no tenía auto, así que dependía de él para que me ayudara con los niños e hiciera las compras que necesitábamos.

Una mañana llegó tarde a casa del trabajo y parecía muy cansado. Sabía que había terminado su turno hacía horas, así que le pregunté: *¿Por qué no regresaste a casa inmediatamente después de terminar de trabajar?* No respondió, y le pregunté de nuevo: *¿Por qué llegas tarde?*

¿Pasó algo especial en el trabajo?

Ya sabía la respuesta. Había escuchado las conversaciones por radio walkie-talkie de los otros trabajadores sobre que John se fue con una mujer. Me estaba cansando tanto de esto, herida y enojada porque todos sabían lo que estaba haciendo. Cansada de aguantar sus trampas y faltas de respeto.

Algo me hizo confrontarlo esta vez.

Inmediatamente se enfureció, gritándome que todo lo que hace es trabajar duro para darme todo, e insultándome y maldiciendo. Instantáneamente me arrepentí de haberle preguntado. Le dije que lo sentía mucho. Luego fue más allá, volviéndose un poco loco al inventar historias sobre cómo la gente miente sobre él, simplemente está trabajando duro para mí y para los niños, no sabe por qué hablan de él, lo único que hace es su trabajo.

Sabía que estaba mintiendo porque me había presentado a algunas de estas mujeres con las que sabía que estaba saliendo.

Cuando salíamos juntos, lo vi ser muy agradable y encantador con ellas (recordé lo encantador que podía ser). Lo vi acompañarlas hasta sus autos, usando una voz diferente a la que usaba conmigo. Él era una persona diferente con ellas y lo hacía frente a mí como una burla cuando ya nunca me hablaba de esa manera.

Yo era sólo su enemigo, su objetivo, su saco de boxeo, un cuerpo produciendo un hijo para él. Estaba pensando en esto cuando le dije: *Ojalá fueras amable conmigo como lo eres con el resto de la gente.* Me miró con los ojos muy abiertos, como si acabara de abofetearlo. Su rostro, y su ira subió dos grados más. Se desmoronó mucho, gritando, quién era yo para atreverme a decirle cómo hablar conmigo o con cualquier otra persona. Tuve suerte de estar con él, y a él no le importaba en absoluto cómo me sentía, y así sucesivamente de una manera espantosa que nunca había visto.

Entonces, de repente, agarró una gran estatua de cristal que estaba cerca de él y la arrojó directamente hacia mí. Golpeó mi brazo izquierdo, provocando un dolor punzante en todo mi cuerpo. Caí de rodillas en agonía. Llamó a una ambulancia para que me llevara al hospital, me ayudó a entrar en la ambulancia, pero me envió sola al hospital.

En urgencias, el médico, por supuesto, me preguntó cómo había sucedido y tuve miedo de decirle la verdad.

No podía dejar que él ni nadie más supiera que mi marido me había arrojado un objeto pesado. No tenía el poder para delatarlo. Varias horas después me dieron el alta.

En el taxi, de regreso a casa, el miedo volvió a invadirme. ¿Qué me encontraría en casa? ¿Cómo sería mi marido? Mi estómago se apretó y mi corazón latió más rápido, como siempre, mientras me preparaba mentalmente para lo que pudiera suceder cuando entrara a la casa.

Cuando llegué a nuestro edificio, Sam, el gerente de mantenimiento, me vio subir las escaleras y me detuvo preguntándome: *¿Por qué tienes el brazo vendado? ¿Estás bien Ana? Parece que has estado llorando. ¿Alguien te lastimó?*

Le dije que venía del hospital porque me había caído y me lastimé el brazo y le agradecí su preocupación. Sabía que no me creyó ni por un segundo. Sabía que él sabía que estaba siendo abusada y Sam me miró con ojos que decían: No me mientas, Ana. Tenía tantas ganas de contarle lo que estaba pasando, pero no podía abrir la boca.

Realmente no puedo entender ni explicar por qué tenía tanto miedo de contarle a alguien mi situación. Simplemente no podía imaginar el riesgo de que John se enterara. Ahora vi de lo que era capaz y que tenía un arma.

¿Qué podía hacerme a mí o a mis hijos? La decisión fue sufrir en silencio, al menos por el momento, hasta que obtuviera una respuesta a mis oraciones.

Ese fue un período en el que seguí tratando de entender por qué estaba sucediendo esto. Una y otra vez, seguía dando vueltas a preguntas en mi mente, como: ¿Cómo coincidimos con gente? No los conocemos por casualidad, ¿verdad? Todo el mundo debe cruzarse en nuestro camino por una razón. ¿Cuál fue la razón por la que John y yo nos cruzamos?

Creo que todos pasamos por algo en la vida por una razón: que Dios tiene un propósito para nosotros. Pensé que mi camino era tener un marido normal y bueno que me amara y yo lo amara a él, que tuviéramos una familia, que fuéramos felices y que hiciéramos cosas buenas en el mundo. No me gustó mi vida durante esos años y estaba buscando encontrarle algún tipo de sentido a todo ello.

Sentí vergüenza por no ver las señales de cómo era John y de lo que estaba pasando conmigo. Simplemente quería irme donde él nunca me encontraría, pero mi autoestima estaba tan baja que no creía en mí.

No podía imaginarme a nadie ayudándome, sólo juzgándome, criticándome, preguntándome por qué me quedaba y diciendo: *¿Por qué no lo dejas?*

Lo que muchos no entienden es que quizás quieras irte, pero no sabes cómo. Día tras día, durante siete años, a tu cerebro le han dicho que no eres digno de ser amado, que no vales nada, que esto es lo que te mereces, que no eres nada sin él... y si lo dejas, te cortará la cara hasta el punto de que nadie volverá a estar contigo.

Y aquí viene la parte más difícil: empiezas a acostumbrarte al matrimonio disfuncional. Se convierte en tu nueva normalidad. Se vuelve normal ser abusada ya sea verbal, física o mentalmente, ser controlada y sufrir. Ya no estás segura de poder tener un matrimonio saludable o tener una vida feliz.

Estos fueron mis días más oscuros. Empecé a despertarme cada mañana preguntándome si valía la pena vivir mi vida. Preguntando *¿por qué? ¿Por qué esta persona no me ve como alguien a quien amar? ¿Por qué es tan horrible conmigo? ¿Dónde está su misericordia y decencia?* Les confieso que tuve algunos momentos oscuros en los que no quería vivir más, cuando le pedí a Dios que me quitara la vida junto con la de mis hijos.

Capítulo Siete

El Hombre Que un Día Conocí Ya No Existía

Hubo una noche que fue tan dura que yo misma llamé a la policía. Llegaron a la casa y supongo que lo que estaba pasando era bastante obvio porque John pasó la noche en la cárcel. La policía fue muy amable conmigo y me ayudó a conseguir una habitación en un buen hotel para mí y los niños. Pude quedarme allí unos días mientras esperábamos un lugar en un refugio para mujeres víctimas de violencia doméstica.

Estaba agradecida de estar a salvo por el momento, pero no había traído nada conmigo, ni siquiera dinero. *¿Cómo alimentaría a mis hijos?* Fue una experiencia muy humillante, pero no tuve más remedio que bajar al restaurante del hotel y preguntarle al manager si era posible alimentar a mis hijos porque tenían hambre.

Él respondió: *Claro, no sólo tus hijos pueden comer, sino que tú también puedes.* Tenía lágrimas en los ojos cuando le agradecí. Me daba mucha vergüenza tener que mendigar comida. Hasta el día de hoy, todavía estoy agradecido por las comidas que amablemente nos brindó.

Llegó el momento de ir al refugio y nos quedamos allí un par de semanas. Luego descubrí que estaba embarazada. No sabía qué hacer.

La voz de John estaba en mi cabeza, diciéndome una y otra vez que nunca conseguiría un trabajo porque no tenía conexiones ni habilidades. Estaba pensando, *¿quién va a contratar a una señora embarazada? ¿Cómo iba a encontrar un lugar donde vivir, embarazada y con dos hijos?*

No creía que pudiera hacer que esto funcionara. Incluso mi cuñada me dijo que estaba loca por quedarme con él y se ofreció a ayudarme, pero mi cerebro estaba tan dañado que no podía creer que podría superar esta situación. John había metido tanta basura en mi cabeza que no sabía cómo volver a una vida normal en un mundo normal.

La única manera que conocía era volver con él. Quizás no entiendas por qué, y yo tampoco.

Llamé a John, le dije que estaba embarazada y le pedí que me perdonara por haberlo metido en la cárcel, que por favor me aceptara de regreso porque no sabía qué hacer.

Así que volví con él.

Creo que a John le sorprendió que yo tomara la decisión de llamar a la policía porque realmente parecía estar tratando de ser amable. Una vez más me dijo que cambiaría, que no quería perderme, que no quería perder a su familia. Creí el 10% de lo que estaba diciendo, pero me sentí un poquito más empoderada de haber podido tener algún tipo de efecto en él al defenderme.

Otro factor que marcó la diferencia en su forma de actuar fue que esta vez iba a tener un niño pequeño. Estaba muy feliz por eso. Eso no detuvo los abusos, pero hubo más días entre la fealdad porque estaba feliz y un poco más amable con Luis y Karla.

Unos días después, John salió y alguien lo llamó. Él me dijo que nunca contestara el teléfono, así que dejé correr el mensaje de voz. Luego, arriesgándome, escuché el mensaje. La llamada era de un hombre cuya voz no reconocí. Le estaba dando a John instrucciones sobre cómo usar "las píldoras" que le estaba proporcionando. Estaba claro que este hombre no era médico ni farmacéutico y se identificó como un "amigo", pero no dijo su nombre.

No sabía nada sobre ninguna pastilla ni los motivos por los que mi marido podría necesitarlas. Quizás este fuera el problema con sus cambios de humor. Quizás por eso su comportamiento a veces era tan loco... y estaba empeorando.

En ese momento supe que el hombre que una vez había sido bueno conmigo, que me compraba cualquier cosa, que estaba orgulloso de que yo estuviera a su lado, que quería estar conmigo siempre, ese hombre ya no existía.

Por esa época, nos mudamos al otro lado de todo el país para vivir con los padres de John, ya que nuestro nuevo hogar aún no estaba listo para que nos mudáramos a él. Siempre habían sido amables conmigo y con los niños, y estaba muy agradecida de estar con otras personas.

Nuevamente, sintiéndome un poco menos atrapada por este monstruo. Fue una situación incómoda porque no sabía lo que ellos sabían y todavía tenía mucho miedo de decirles algo o de pedirles ayuda. John parecía controlarse más, por lo que no tenía ojos morados ni moretones que sus padres pudieran ver.

Durante ese tiempo, Isabel, mi suegra, me visitaba mientras John estaba en el trabajo. Se dio cuenta de cuánta ropa tenía su hijastro en el armario. Se asomó a mi armario, que estaba casi vacío, y me lo comentó. No sabía qué decir. Ella dijo que estaba bien ir de compras para mí y para los niños. Ella me miró de manera sincera y me animó a ser fuerte. Ella me dijo que no le tuviera miedo.

Isabel no sabía todo lo que estaba pasando en nuestra casa ni cómo su hijastro me estaba engañando (y no se lo dije), pero sintió que algo andaba mal. Le estaba muy agradecida por animarme y apoyarme de esta manera. Me aferré a ese pequeño rayo de esperanza que ella había despertado en mí.

Nos mudamos a nuestro nuevo hogar unas semanas más tarde.

Cuando llegó mi cumpleaños, John me sorprendió pasando la noche en un hotel de cinco estrellas cercano, organizando que los niños estuvieran con sus abuelos y haciendo reservaciones para cenar en un restaurante elegante. Cuando entré a nuestra habitación de hotel, me sorprendió encontrarla ¡llena con hermosas flores! También me regaló una membresía de gimnasio.

Sabía que era su manera de decirme que lo sentía, pero estaba muy triste por dentro porque ya no significaba nada para mí; él simplemente estaba siendo amable porque su culpa lo molestaba. Aun así, fueron algunos momentos de paz, no podría decir felicidad, y acepté cada uno de esos momentos. Fue un día para recordar, ya que me recordó cuando nos conocimos.

Después de eso, John me permitió ir al gimnasio cuando quisiera, estaba emocionada. Finalmente pude ir a algún lugar por mi cuenta y fui todos los días, durante un tiempo.

Un día, mientras caminaba en la cinta, escuché a dos chicas hablando a mi lado. Uno hablaba de cómo estaba saliendo con un chico y entraba en todos los detalles: cuánto la amaba y cómo era y que él le compró un auto y así sucesivamente. Con mi inglés todavía pobre no pude entenderlo todo, pero pronto quedó muy claro que ¡el chico del que estaba hablando era mi marido!

Podía sentir mi cara enrojecerse y sentirme más enojada

mientras ella continuaba. Yo gritaba por dentro: *¿De qué estás hablando? Estoy aquí y debes saber quién soy, ¿cómo te atreves? ¿Y aquí está mi marido diciéndome que no quiere perderme y que está contigo y te compra un coche?* Por supuesto, sabía que me mentía todo el tiempo y realmente deseaba que me dejara. Pero todavía lo sentía como una humillación más, otra daga más en mi corazón. Y ahora tenía que ver a esta chica cada vez que estaba en el gimnasio, sabiendo que ella se acostaba con él, y ambos probablemente se reían de mí a mis espaldas.

Toda la experiencia envenenó mi deseo de ir al gimnasio. Todavía iba un par de días a la semana porque estaba decidida a salir de casa y cuidarme. Pero cada vez que veía a alguna de las chicas allí, me sentía avergonzada y humillada y trataba de evitarlas. Entonces descubrí que John me estaba siguiendo hasta allí y mirándome desde fuera, quién sabe por qué motivo.

No pudo detenerse. Sus patrones estaban aumentando de nuevo: controlarme, enojarse conmigo, luego disculparse y decir que no quería perderme, una y otra vez todo el tiempo engañándome y haciéndome daño. Le diría todas las cosas correctas para calmarlo, pero por dentro me sentía ansiosa y preocupada de que estuviera ocultando su locura, y era sólo cuestión de tiempo antes de que explotara.

Un día al principio de mi embarazo, John me dijo que esa noche íbamos a cenar a la ciudad. Así que me vestí y nos fuimos. En el camino, se detuvo para poner gasolina y le pregunté si podía usar el baño. Él dijo que estaba bien, así que entré a la tienda de la gasolinera para ir al baño.

Mientras caminaba de regreso al auto, un hombre que me había seguido fuera de la tienda se acercó a mí y me dijo: *Hola... hola, señorita. Me gustaría hablar con usted, por favor.* Me congelé y le dije mientras aceleraba el paso hacia el auto: *Eh, sí, ¿qué quieres?* Empezó a decir lo hermosa que era, lo exótica. ¡Oh, no! ¡Me puse súper nerviosa! Le di las gracias y me apresuré a subir al auto, sabiendo que John probablemente se enojaría al verme con este hombre.

El tipo me siguió hasta que entré al auto. Luego golpeó la ventanilla del lado del conductor hasta que John la bajó. Hola, el hombre dijo: *¿Esta es tu esposa?* John asintió. Entonces el hombre me miró y dijo: *Soy fotógrafo y tengo una agencia de modelos. Serías perfecta para mi equipo porque tienes una hermosa y exótica apariencia latina. Me gustaría tener una sesión de fotos contigo y podría publicar tus fotografías en revistas.*

Respondí: *Muchas gracias.* Y miré hacia abajo, sin saber qué más decir. Estaba muy nerviosa por lo que estaba pasando y por lo que John podría hacer a continuación. La verdad es que yo también quedé estupefacta y halagada. ¿No era yo gorda y fea?

¡Hacía mucho, mucho tiempo que no escuchaba palabras amables así! Me alegró que un hombre hablara tan bien de mí y pensara que era hermosa.

Agradecí ese momento de luz. Me aferré a esas palabras durante meses, especialmente cada vez que John me insultaba cruelmente.

En ese momento, John estaba hablando con el hombre y prometió que me llevaría al estudio tan pronto como pudiéramos programarlo. El hombre le dio su tarjeta de presentación y me dijo: *Por favor, intenta venir la próxima semana para que podamos prepararte para esta nueva aventura. Te encantará y sé que podemos brindarte grandes oportunidades*. Simplemente sonreí y me quedé en silencio porque sabía que John le estaba mintiendo y nunca me permitiría hacer tal cosa.

¡Oh! Nos alejamos y literalmente pude sentir que su ira se hacía cada vez más grande, pero no me dijo una palabra. Estuve muy nerviosa y no pude dejar de temblar durante todo el camino a la ciudad. Tomamos un trago rápido y luego John me dijo que no se sentía muy bien y que quería regresar a casa.

Condujimos en silencio durante un rato y luego empezó: *¿Por qué este hombre estaba hablando contigo?*

¿Qué le dijiste? ¿Por qué estabas coqueteando con él? No importaba lo que le contestara, él siguió así, alzando la voz y sonando amenazador. *¡Estabas coqueteando con él!*

¡Estabas hablando con él como si lo conocieras! ¿Por qué sintió que podía acercarse a ti así? Temblando, finalmente dije: *No sé por qué me siguió. No le dije nada, sólo quería llegar al auto. Pensó que me veía bonita y tal vez necesito escuchar eso porque no lo había escuchado en mucho, mucho tiempo.* Me detuve y contuve la respiración. ¿Qué acababa de decir? John se quedó callado y condujimos el resto del camino a casa en silencio, pero sabía que estaba molesto.

Yo también estaba molesta, y feliz por nuestro silencio. Me di cuenta de que las pequeñas chispas que estaban iluminando mi situación, la simpatía del personal del hospital, la ayuda de mi vecina Dora, las ofertas de apoyo de mi familia, la pregunta atenta del encargado de mantenimiento, el ánimo de mi suegra, el apoyo de ese extraño, palabras halagadoras, estaban creciendo hasta convertirse en una llama dentro de mí que me daba fuerza.

Incluso con todo el abuso mental que arruinaba mi cerebro, estaba empezando a comprender la verdadera historia de John y su enfermedad. Estaba empezando a tener clara mi responsabilidad hacia mis hijos y nuestro futuro, hacia lo que más importaba, y eso me incluía a MÍ y no a él ni a mi matrimonio.

Estos eran pensamientos de bebé que se colaban en mi cerebro de vez en cuando. Luego se irían tan rápido como mi realidad de abuso regular volvería a aparecer. Todavía no podría ser yo. Sabía que era mejor mantener la boca cerrada y ser lo más invisible posible.

Llegamos a la casa sin decir palabra. John saltó del auto y lo golpeó con toda su fuerza, algo que hacía a menudo porque sabía que siempre nos hacía saltar de miedo a los niños y a mí. Inmediatamente subió las escaleras y lo seguí adentro. Al cabo de unos minutos, el teléfono sonó varias veces y como John siempre respondía el teléfono de inmediato, finalmente lo contesté yo misma. Era uno de sus amigos, preguntándome si me parecía bien que John le ayudara a cambiar la llanta de su coche. Ya había estado aquí antes y sabía lo que estaba pasando. Esta vez, algo me hizo decir: *Mike, no me mientas. John acaba de llamarte y te dijo que me llamaras con una excusa para poder engañarme con su novia. Dile que puede seguir adelante; no me importa.*

Colgué el teléfono, un poco sorprendida conmigo misma, pero se sintió bien tomar el control para variar, denunciar la mentira que estábamos viviendo. Estaba preocupada por lo que sucedería después, pero me esfumé y, unos momentos después, escuché el portazo cuando John salió. Esta vez no volvió a casa durante varios días. Recuerdo que mi suegro era muy amable, se sentaba conmigo y con los niños y nos leía.

Me dijo que lo sentía mucho y no dijo nada más. Le dije que no se preocupara, que todo estaría bien.

Y realmente comencé a creerlo.

Capítulo Ocho
¡Ya basta!

Estaba embarazada de siete meses, sentada sola en casa, los niños estaban con sus abuelos. De repente sonó un teléfono y me di cuenta de que era el teléfono celular de John, que debió haber olvidado cuando se fue a trabajar. Me acerqué al teléfono, donde la persona que llamaba estaba dejando un mensaje de voz y vi que la imagen de perfil en la pantalla era una mujer.

En ese momento, algo se rompió dentro de mí. *¡Suficiente! ¡¡Suficiente!!* Llamé al número y descubrí quién era y dónde trabajaba.

Antes de que pudiera cambiar de opinión, tomé mi teléfono celular, llamé a un taxi y fui directamente a su lugar de trabajo. La vi en la calle, volviendo al trabajo después del almuerzo. De alguna manera, ella supo quién era yo, ¿había estado en mi cama cuando yo no estaba allí?, y me llamó: *¡Hola!* mientras se acercaba a mí con una sonrisa, luego dijo: Ah, *¿tu marido te habló de nosotros?* Respondí: *¿Acerca de "Nosotros"? No, no lo hizo. ¡Estoy aquí para descubrir qué está pasando aquí!*

Ella continuó diciéndome que llevan un tiempo juntos y que él me iba a dejar por ella. Todo el tiempo, ella tenía una amplia sonrisa en su rostro, prácticamente riéndose mientras miraba mi vientre hinchado.

Yo empecé a llorar de frustración, enojo, humillación, todo lo que se acumuló a lo largo de todos estos años, mientras ella hablaba y hablaba de cuánto lo amaba y de lo bien que se divertían.

No pude soportarlo más e hice algo que nunca había hecho en mi vida: ¡la abofeteé! Antes de que ella pudiera hacer o decir algo más, me di la vuelta y me alejé.

Inmediatamente llamé a John, quien, por supuesto, lo negó todo, inventando historias ridículas y tratando de actuar enojado y devolvérmelo. Colgué y me fui a casa, llorando y temblando, sólo para encontrar a la policía en mi puerta.

Esta mujer tuvo el descaro de llamar a la policía por agresión. ¿En serio? ¿Te has acostado con un hombre casado cuya esposa está embarazada de siete meses y yo soy la mala aquí?

Respondí a las preguntas del policía con absoluta honestidad y entre lágrimas. Estaba temblando mucho y sintiendo mucho dolor en el estómago al imaginarla disfrutando el momento, riéndose en mi cara, cuando sabía que había un bebé dentro de mí, sin mostrar ni una pizca de compasión ni consideración de que estaba embarazada. Por dentro estaba a punto de derrumbarme, sin creer que esto – todo esto – realmente me estaba sucediendo a mí.

Afortunadamente, el oficial fue muy comprensivo y decidió hablar con mi esposo. Puedo imaginar las mentiras que le dijo John, pero lo único que sé es que todo desapareció y nunca me acusaron.

Pero el daño ya había sido hecho. Comencé a sentirme muy enferma y débil. En las semanas siguientes, estuve en el consultorio del médico todos los viernes porque el bebé no estaba bien y necesitaban controlarme regularmente. Me dijeron que me lo tomara con calma y guardara reposo en cama.

Creo que continuaron con su relación porque casi no vi a John durante los últimos dos meses de mi embarazo. Le di gracias a Dios por esta bendición porque fue un gran alivio que nadie me gritara ni me empujara día tras día.

Este período también me dio tiempo para pensar, recordar y darme cuenta por primera vez y de una manera nueva de que estaba viviendo con un enemigo en mi propia casa.

Pensé en:

...cuando haría cualquier cosa para encontrar una excusa para descargar su enojo conmigo, como poner un pedazo de basura en el medio del piso para poder quejarse, insultarme, decirme que no soy buena para nada, golpearme, y seguir la pelea con Karla o Luis.

...cuando agarró por debajo de los brazos a mi hermosa hija de siete años, la levantó y la empujó contra la pared, gritándole como un loco. Estaba tan asustada que se orinó encima.

...cuando creaba todas estas reglas para la casa como si nos desafiara a romperlas: cada lata en la despensa tenía que estar en una posición perfecta, la pasta en un lugar determinado, el cereal en un lugar determinado, todo en perfecto orden, o nos metería en problemas. Regularmente me llamaba demasiado estúpida para hacer la compra o cocinar adecuadamente.

Un día llegó temprano de su turno muy molesto por algo que pasó en el trabajo, empezó conmigo: *¡La casa es un desastre! ¿Qué diablos haces aquí todo el día? ¿Haces algo?*

Yo le diría: *limpio, cocino, lavo la ropa, cuido a los niños, la despensa está organizada. Así que no sé por qué estás molesto: no he hecho nada malo.*

Me dijo que me callara y siguió quejándose y poniéndose cada vez más nervioso. De repente, sacó su arma, me apuntó a la cabeza y apretó el gatillo. Por un momento aterrador, realmente pensé que mi vida había terminado.

Pero... Silencio. No pasó nada. Por alguna razón, el gatillo se atascó y la bala no salió. Supe en ese momento que Dios había intervenido.

Al momento siguiente, escuchamos un fuerte golpe en la puerta. Ambos nos detuvimos, congelados. John rápidamente guardó su arma y fue a abrir la puerta. Fue Marcos, su jefe, quien escuchó todos los gritos y se acercó para saber qué estaba pasando. Le dijo a John que dejara de tratarme así.

John comenzó a calmarse y poco a poco me di cuenta de que la experiencia más aterradora de mi vida acababa de pasar. Fue un momento extraño porque fue como si Marcos hubiera salido de la nada: vivía cerca, pero ni una vez, nunca había venido a visitarlo. Quizás nunca sepa lo agradecida que estoy por haberse tomado el tiempo de intervenir.

Había llegado el día en que nacería mi hijo. Se suponía que debía estar en el hospital a las 5:00 am y me preocupaba no poder llegar porque John había estado fuera toda la noche y aún no había regresado a casa. No sabía qué hacer. Recordé que mi cuñada dijo que me ayudaría con los niños y estuve a punto de llamarla para que viniera a buscarme, pero apareció en el último momento y me llevó al hospital. No dije nada en el camino porque necesitaba estar bien para mi nuevo hijo.

Llegó el bebé y todo salió genial, el personal del hospital fue increíble y recibí flores hermosas, lo cual fue muy agradable.

Tres días después, Johnny David y yo fuimos dados de alta y mi esposo nos llevó a casa.

Mi esposo nos dejó y se fue, y luego estuvo fuera la mayor parte del tiempo, dejándome sola en casa para recuperarme y cuidar a los tres niños.

Aproximadamente una semana después, comencé a sentirme mal. No me estaba recuperando bien de la cirugía y tenía tanto dolor alrededor de la incisión que llamé a John para que me llevara al hospital. Vino, pero estaba muy molesto y conducía rápido sobre los baches, lo que empeoró aún más mi malestar.

Me ingresaron en el hospital y permanecí allí durante siete días para recuperarme de una infección grave. Que yo recuerde, mi marido no me visitó ni un solo día de los que estuve allí. De vuelta en casa, los niños parecían estar bien (agradecidos de que su familia probablemente ayudó con ellos); Me sentí aliviada de estar de regreso con mis hijos. Y estaba en camino a otro tipo de recuperación: estaba obteniendo mis respuestas de Dios.

Empecé a pensar en un plan para dejar a mi marido. Iba a ser difícil hacerlo con tres niños pequeños y todo daba mucho miedo. Incluso sabiendo que tenía familia que me ayudaría con dinero para empezar de nuevo, cuando intentaba siquiera imaginar escapar, todo mi cuerpo temblaba sólo con la idea de que él me encontraría.

Sabía que era posible que pudiera matarme porque ya lo había intentado más de una vez. Creo que el abuso emocional es incluso peor que el abuso físico. Puedes curar un brazo roto o un ojo morado, pero ¿cómo se cura una mente y un corazón roto?

Continué orando todos los días, sin saber cómo ni cuándo, pero sabía que se acercaba un día de alegría. Me hablaba a mí misma, repitiéndolo una y otra vez: ***Llegará un día en el que seré libre, volveré a ser yo. Un día seré feliz solo con mis hijos y conmigo.***

Capítulo Nueve

Un Ángel Viene a Ayudar

Un día de la nada, ¿o me estaban enviando un ángel?, recibí una llamada de mi amiga Wendy. Debe haber llamado a mi mamá para obtener mi número. ¡Me sorprendió mucho porque hacía años que no hablaba con ella!

Cuando me preguntó cómo estaba, no supe qué decirle. Ella me conocía como una persona alegre y extrovertida y reconoció mi silencio. Ella se dio cuenta de inmediato de que yo no era la misma persona que había conocido y me dijo que estaba preocupada. Ella volvió a preguntar: *¿Estás bien?* Dije: *Sí, estoy bien.* No pude evitar escuchar la tristeza en mi propia voz.

Tenía muchas ganas de contarle por lo que estaba pasando, pero era la primera vez que me llamaba después de tanto tiempo y me parecía demasiado pronto para abrirme y sumergirme en todo. *¿Por dónde empezaría?* Y yo estaba cargando con tanta vergüenza y vergüenza que no podía soportar que ella lo supiera. Entonces hablamos unos minutos y colgamos.

Wendy intentó llamarme de nuevo y yo estaba demasiado deprimida para levantar el teléfono. Pero ella NO se rindió.

Ella seguía vigilándome regularmente y dejándome mensajes.

Yo estaba agradecida de que ella estuviera en mi vida y me apoyara, pero no quería que ella supiera nada sobre mi vida; no tenía nada bueno que compartir con ella, ni de qué alardear ni de qué enorgullecerme. Pero ella siguió llamando hasta que un día dejó este mensaje: *Sé que estás sufriendo. Por favor contesta mis llamadas o llámame cuando estés sola para que podamos hablar. Quiero ayudarte.*

Respondí su siguiente llamada y hablamos. Ella se convirtió en mi ángel y me ayudó a reparar mi cerebro roto.

Wendy vivía en Kansas y yo vivía en la costa este, pero ella constantemente me recordaba que no estaba sola, y después de un tiempo de que ella lo repitiera, comencé a sentir que era verdad. Ella se registró para asegurarse de que estaba a salvo. Ella me decía lo fuerte que era, lo hermosa e inteligente que era. Al principio, fue impactante escuchar palabras tan amables y me costó recibirlas. Ella me recordaba regularmente a mi yo de la infancia, a la Ana que conocía y, poco a poco, comencé a recordarla también. Comencé a rogarle a mi cerebro que se abriera y viera una pequeña luz al final de este túnel oscuro e infernal.

Ella no se dio por vencida y, con pequeños y lentos pasos, empecé a ganar fuerza y a creer en mí misma.

Siempre estaré agradecida por el amor, el cuidado y la paciencia de Wendy. Seguimos siendo amigas hasta el día de hoy.

Lo que no sabía era que iba a necesitar cada pedacito de fuerza y fe que pudiera encontrar dentro de mí.

Mi determinación estaba creciendo, pero todavía no podía aclarar mi cerebro para hacer un plan. Mi desesperación también crecía cuando John comenzó a volverse cada vez más violento. Más de una vez salí corriendo de casa, desesperada por alejarme de él, pero nunca lo logré.

Una vez corrí hacia el auto que estaba estacionado frente a la casa. Logré entrar e intenté arrancar el auto, pero él era más rápido que yo. Pateó la ventana y el cristal se hizo añicos por toda mi cara y mi cuerpo. Me sacó del auto, gritándome y arrastrándome dentro de la casa por el vestido. Una vez dentro, me empujó al suelo, agarró una gran jarra de agua y la vertió sobre mi cabeza.

Lloré y le rogué que se detuviera, pero luego me arrastró por el suelo por toda la casa hasta que mi vestido se rompió. Los niños lo vieron todo, lo que fue la parte más dolorosa para mí, ver a mis hijos ver lo que me estaba haciendo.

Realmente no sé si alguna vez se sintió mal cuando me lastimaba. Supongo que nunca lo sabré.

Por un tiempo, el padre de John nos contrató a los dos para trabajar para él en su empresa.

Ahora creo que John probablemente estaba en contra de la idea, pero ¿qué podría decirle a su papá? Estaba agradecido de poder hacer algo útil y ganar dinero, pero la experiencia de cada día en el trabajo era horrible. Ahora su control sobre mí ocurría día y noche. Me estaba observando todo el tiempo, esperando que cometiera un error o dijera algo malo o me atreviera a hablar con alguien. Y, por supuesto, tuve que entregarle todos mis cheques de pago y solo vi suficiente dinero para mantener a los niños alimentados y con electricidad.

Un viernes, su padre me pagó medio año completo por adelantado... hasta el día de hoy, me pregunto si tal vez hizo esto para ayudarnos a sus nietos y a mí a alejarnos de John. No pensé eso en ese momento, simplemente puse el dinero en mi bolso y lo olvidé hasta más tarde esa noche, cuando mi esposo irrumpió en la habitación, súper enojado y gritando: *¿Por qué me ocultas cosas?* Sorprendida porque nunca pude ocultarle nada cuando él me estaba mirando todo el tiempo, respondí: *¿Qué quieres decir? ¡No te estoy ocultando nada! Me empujó fuerte y me dijo: ¿Por qué ocultas que papá te pagó por adelantado?*

Le dije que pensé que su papá se lo diría, y lamenté haber olvidado mencionarlo en el camino a casa. No sabía que se enojaría tanto.

Todo me pareció tan ridículo, demasiado, y salí corriendo de la casa sólo para alejarme de él.

Me siguió y me atrapó, me agarró, me levantó y me llevó de regreso al interior de la casa y hasta el dormitorio. Me tiró en la cama y me puso una almohada en la cara, sujetándola y gritando como un loco, llamándome estúpida P.... Z... P... y repitiendo una y otra vez que nunca le ocultara nada. Intenté luchar para defenderme, pero fue inútil porque él era muy fuerte. No se detuvo hasta que perdí mis fuerzas y quedé inerte. Luego me quitó la almohada de la cara y salió del dormitorio.

Capítulo Diez
Escapada

Mientras continuaba sufriendo el abuso, estaba planeado mi fuga. No sabía exactamente cómo ni cuándo, pero estaba lista para correr el riesgo. No vi otra opción y esta "nueva" realidad me fortaleció.

Una noche, mi madrastra Isabel llamó y me preguntó cómo estaba. Esta vez le dije exactamente cómo iba todo. Le expliqué mi situación. Ella dijo que me ayudaría si alguna vez decidía irme. Le di las gracias y colgué el teléfono llorando de alegría porque creí que Dios había respondido a mis oraciones en ese momento.

Una noche, más tarde esa misma semana, mientras dormía, me desperté rápidamente porque sentí que alguien me tocaba el hombro. Escuché una voz que decía que todo iba a estar bien. Salté de la cama aterrada porque pensé que era John y que me iba a matar. Corrí a su habitación, pero él estaba durmiendo. Me calmé y sentí paz por dentro. Sentí como si un ángel hubiera venido a visitarme mientras dormía.

Vi que era hora de actuar y simplemente escapar.

Una semana después, se presentó la oportunidad de mi vida. Esa noche, John estaba muy molesto conmigo por cualquier razón.

Tenía un machete en la mano y lo golpeaba contra el suelo

una y otra vez, diciéndome que me iba a hacer daño.

Estaba aterrorizada, tan débil que apenas podía respirar al pensar en lo que podría hacerme. Y tenía miedo de pensar en cómo podría hacernos daño a todos si descubría que planeaba huir con los niños.

Me enfrenté a dos opciones terribles. Ambas me dieron miedo, pero al mismo tiempo, de alguna manera supe que ese era mi día de liberación.

¿Cómo escaparía? Había pensado en un plan, pero de repente no podía pensar con claridad. Sentí que mi cabeza iba a explotar mientras él seguía golpeando el suelo con el machete. Intenté ser lo más silenciosa e invisible que pude. Finalmente se detuvo, dejó caer el machete y salió a fumar un cigarrillo.

¡Ésta era mi oportunidad! Recordé lo que planearía hacer si alguna vez llegara la oportunidad. Decidí confiar en el Señor y hacerlo. Marqué el 911 y colgué el teléfono. Saqué el cordón de la pared porque sabía que la policía volvería a llamar y hacer preguntas. Y sabía que simplemente aparecerían en esta dirección sin que yo tuviera que hablar con ellos o con John... siempre y cuando llegaran a tiempo.

Nerviosa, temblando y con el corazón acelerado, corrí al baño y me encerré dentro, escuchando desde la puerta, esperando y rezando para que la policía viniera antes.

John volvió a entrar y notó que el teléfono no estaba conectado y luego me persiguió.

Salté cuando escuché el golpe en la puerta principal. Lo oí acercarse a la puerta e inmediatamente empezó a gritar. Escuché a la policía hablar con él, pero él seguía gritando y gritando sin parar, sonando loco y fuera de control. Salí silenciosamente del baño y me dirigí a la puerta, cuando uno de los oficiales me vio y me dijo en voz baja: Tienes que irte AHORA MISMO. Tu marido está muy molesto y podrías morir aquí esta noche.

Les pedí que por favor me dieran unos minutos para recoger algo de ropa para los niños y para mí, y agarré lo que pude porque me dijeron que me diera prisa. Fue difícil porque no tenía idea de adónde iba, ni dinero, ni trabajo, ni habilidades, ni autoestima, ni identidad. Luis me estaba ayudando a agarrar cosas para nosotros cuando me vio detenerme por un momento.

De repente sentí como si un peso pesado aplastara mi cuerpo y dije en voz baja: No puedo irme porque no tengo nada. Luis se acercó a mí, me tocó la mano y me dijo: *Tú crees en Dios, así que no tengas miedo. Vamos mamá, Dios nos ayudará*".

Eso era todo lo que necesitaba oír. Esa simple declaración de mi hermoso hijo fue un mensaje de Dios para darme la fuerza que necesitaba para poder tener el coraje de partir.

Aun hoy puedo ver la expresión del rostro de mi esposo cuando me amenazó, diciendo que me arrepentiría de esto y otras cosas que no recuerdo, ya que la policía insistía en que fuera con ellos AHORA, y los cuatro corrimos hacia nuestro auto para ir a la comisaría.

De camino a la comisaría, lágrimas de dolor y miedo corrían por mi rostro porque no tenía idea de lo que nos iba a pasar. El hermoso Luis me estuvo diciendo todo el camino: *¡Sí mamá, lo lograste! No llores, está bien. Estamos a salvo ahora. ¡Somos libres ahora, mamá! Sólo por favor, por favor, esta vez no vuelvas atrás. Él no va a cambiar. Por favor, no creas nada de lo que dice o de las promesas que hace. Te matará, mamá, si te quedas con él. Te quiero, mamá. ¡Dios nos ayudará!*

Muy agradecida con mi hijo en esos momentos, dije: *Sí, hijo, ahora estamos seguros y libres.* Volví a mirar a Luis con el pequeño Johnny en brazos y Karla acurrucada y llorando en el asiento trasero. Oramos juntos en ese auto y les prometí que nunca regresaría, que me aseguraría de que estuviéramos juntos para siempre.

"Todo lo puedo en Cristo que me fortalece." (Filipenses 4:13 NKJV).

Capítulo Once
Una Nueva Vida Empieza

En la comisaría llamé a mi querida madrastra Isabel y le dije que nos habíamos escapado. Envió a alguien a la estación para que me entregara 500 dólares en efectivo. Conseguimos una habitación de hotel para pasar un par de noches. Estaba muy agradecida, pero aún no estaba relajada ni segura de lo que iba a pasar después.

Isabel me pidió que buscara un apartamento y me dijo que ella se encargaría de pagar el primer mes y el seguro. Los cuatro llegamos al apartamento, sin cama, sin sillas, sin mantas, sin almohadas, sin platos y sin dinero para comprar nada. Pero... ¡nos teníamos los unos a los otros! Nos miramos con asombro y amor, dándonos cuenta de que ahora podíamos hablar y reír y saltar y girar y bailar – ¡Y SER!

Cada poca hora, miraba furtivamente por la ventana para ver si él estaba afuera esperando en el auto, mirando como lo había hecho tantas veces antes. Era tan difícil de creer que esto estaba sucediendo, que él no estaba presente en nuestras vidas en todo momento, que la tortura finalmente podría haber terminado.

Luego, el segundo día, ¡lo vi pasar por nuestra casa! Inmediatamente llamé a Isabel y le dije que nos había encontrado (más tarde supimos que la empresa gestora le había enviado una tarjeta de agradecimiento por el alquiler a su casa, por lo que conocía nuestra dirección). Ella dijo: *Déjame ver qué puedo hacer y te llamaré.*

Esas dos horas siguientes fueron las más largas de mi vida porque temía por la seguridad de mis hijos. Pero llegó la llamada y ella encontró la manera de que nos quedáramos con una de sus hijas. Le di las gracias con mucha gratitud y fuimos a su casa hasta que pude recuperarme.

Se sentía bien estar en una casa que realmente tenía muebles y una sensación indescriptible de... ¡normalidad! Me sentí segura allí y los niños estaban felices de poder salir a jugar. Me sentí aliviada, pero siempre estaba vigilando para asegurarme de que nadie nos siguiera.

Regresé los niños a la escuela y comencé a poner nuestras vidas en orden. No fue fácil porque me habían quitado todo. Una vez había vivido en la elegancia con celebridades, ropa hermosa, viajes y lujo. Ahora, todas mis pertenencias cabían en una pequeña bolsa de plástico que había agarrado frenéticamente mientras la policía esperaba.

Mientras mis hijos estaban en la escuela, a veces me sentaba sola en mi habitación, llena de tantos sentimientos, de incertidumbre, miedo y profunda tristeza. Me sentí como un fracaso porque me había metido en tal desastre. Apenas podía imaginar mi futuro o cómo sería la vida sin él.

Pero entonces mi mente se aclaraba un poco y me recordaba que éramos LIBRES y ahora solo yo era responsable de mis hijos. Luego me decía a mí misma una y otra vez que debía ser fuerte, aunque no sabía exactamente lo que eso significaba porque me habían quitado la fuerza durante mucho tiempo.

Una cosa a la que siempre volvería en medio de todas estas emociones: SABÍA que nunca podría volver con él, sin importar qué. Cumpliría mi promesa a Luis. Sabía que tenía que defenderme porque nadie más lo haría; dependía de mí. Hice uso de mi fuerza y determinación tanto como pude para seguir adelante. Y seguí orando por todos nosotros.

Tan pronto como pude, comencé a apresurarme para encontrar trabajo. No sabía por dónde empezar porque no tenía habilidades (ni siquiera un diploma de escuela secundaria en este país) y ya no conocía a nadie a quien llamar. Entonces mis oraciones fueron respondidas nuevamente. Un día, cuando recogí a Karla en la escuela primaria, ella estaba con su amiga y la amiga me presentó a su mamá. Hablamos un rato y le pregunté si sabía algo de algún trabajo.

Sí, -dijo-, trabajo para una empresa que limpia casas y oficinas. Puedo recomendarte. Así que, empecé a trabajar limpiando casas, clínicas, estacionamientos y oficinas.

Esta fue una maravillosa oportunidad de reconstruir nuestras vidas y me sentí muy agradecida. Sin embargo, no era normal para mí ser normal. Siempre estuve preocupada de que John viniera detrás de nosotros y que me hiciera volver. Estar afuera en cualquier lugar con los niños se sentía raro porque no estaba acostumbrada a la libertad de hacer lo que quería sin que alguien me observara o controlara y esperara que su auto llegara en cualquier momento. Tuve que acostumbrarme a la forma de vida en que vivía la mayoría de la gente, gente normal.

Trabajé en el sector de limpieza durante casi un año, vivía en la casa de mi hermanastra y ganaba lo suficiente para pagar los servicios públicos y comprar las cosas que mis hijos necesitaban. A menudo tenía que llevarlos conmigo para limpiar, y todos nos divertíamos trabajando juntos y disfrutando unos de otros mientras hacíamos nuestras tareas domésticas, limpiando los baños, quitando el polvo o sacando la basura. Poco a poco fui recuperándome y finalmente decidí que estaba lista para ir a la oficina de desempleo en busca de un trabajo mejor.

Fue mi día de suerte porque el mismo día que fui a la oficina de desempleo y me reuní con una de las personas del personal para que me ayudara con mi currículum, ella me dijo que FEMA (Agencia Federal para el Manejo de Emergencias) estaba allí contratando en el lugar como parte de un proyecto para ayudar a las víctimas del huracán en una ciudad cercana.

¡Me contrataron! Era un buen trabajo ¡18 dólares la hora era una enorme cantidad de dinero para mí! Sin embargo, el trabajo era temporal, así que después de unos meses volví a buscar trabajo.

Más buena suerte: a la ciudad realmente le gustó mi rendimiento y me ofrecieron un puesto a tiempo parcial en el Departamento de Parques y Recreación, atendiendo a personas mayores. Aunque estaba feliz de tener este trabajo y todos eran muy amables, era difícil mantener a tres niños con un salario a tiempo parcial. Necesitaba cuidados para mi pequeño, Karla estaba en la escuela primaria y Luis ahora estaba en la secundaria. Y no hubo apoyo financiero por parte de John. Por eso siempre estaba buscando una mejor oportunidad de tiempo completo. Pronto conocí a alguien que trabajaba en una universidad y me contrataron como representante de admisiones. Me encantó el trabajo, pude comprar un auto usado, a los niños les iba bien y estábamos felices.

¡Lo imposible se estaba volviendo posible!

Capitulo 12

Divorcio: La Última Batalla

En los meses siguientes, mi pequeña familia se fue adaptando a nuestra nueva vida, mi confianza y mi cuenta bancaria fueron creciendo poco a poco, y un hermoso futuro se extendía ante mí. Llegó el momento de solicitar el divorcio, un proceso que terminó tomando tres años, principalmente porque John no quería firmar los papeles.

Durante ese tiempo, John todavía me molestaba, llamándome a menudo para maldecirme y culparme por todo. Escuchar sus palabras hirientes y enojadas desde una distancia segura me ayudó a ser cada vez más fuerte para defenderme.

Yo le diría a él, *¿Por qué me estás llamando? No estás pagando mi celular ni mis cuentas, ni para ayudar a los niños. No necesito oírte. Es lo que es. No me lo pongas. No fui y abusé de ti. No te golpeé. No te puse una almohada en la cara hasta que no pudiste respirar ni te puse una pistola en la cabeza, ni te abandoné cuando acababas de tener un bebé. Yo no hice estas cosas. No es necesario que hable contigo. Por favor no me llames.*

Pronto, dejé de intentar hablar con él y simplemente sus llamadas iban al buzón de voz, y nunca escuché esos mensajes.

En la medida de lo que pude, evité cualquier contacto con él porque sólo escuchaba mentira tras mentira.

Mi determinación fue tan fuerte que finalmente logré que firmara los documentos "engañándolo" para que fuera a una sala del juzgado donde me encontró sentada con dos agentes a mi lado para obligarlo a firmar. Luego me escoltaron hasta mi coche porque John estaba tan indignado que temían por mi seguridad. El divorcio fue definitivo. No recibí manutención infantil, lo cual estaba bien para mí, porque lo quería fuera de mi vida. Pero se le concedió el derecho de visita de sus hijos.

Cuando escuché esto, me llené de pavor. *¿Cómo iba a hacer esto sin que él me encontrara o tuviera que volver a verlo?* Pero no tuve elección.

Hicimos los arreglos para que mis hijos fueran con su padre a visitarnos durante el fin de semana. Conduje por todas partes antes de ir a su casa para asegurarme de que no me siguiera y descubriera dónde vivíamos. Mientras conducía con los niños, estaba nerviosa, pero pude mantener mis miedos ocultos. Nunca más mostraría ninguna señal de que le tenía miedo. Aunque comenzó el familiar dolor de estómago, tomé la mano de Luis con fuerza y toqué el timbre.

Vi dolor en los ojos de John, pero ya era demasiado tarde; Ya no me importaba. Era mi momento de defenderme a mí y a los niños.

A él le correspondía afrontar las consecuencias de lo que había hecho.

Mientras se alejaba con mis preciosos bebés, sentí tal miedo que apenas podía concentrarme en el viaje a casa. Él no me dijo adónde iban a pasar el fin de semana, así que me quedé sentada en la sala durante dos horas, preocupada e incapaz de hacer nada, hasta que pensé que había pasado suficiente tiempo para llamar al teléfono de mi hija y revisarlos. Apenas la había saludado cuando John agarró su teléfono y me dijo con una voz que me heló hasta los huesos: *No te traeré a los niños de regreso. Nunca los volverás a ver.*

Grité ¡Noooooooooooo! ¡¡Por favor, no hagas esto!! Él no estaba escuchando, solo seguía y seguía: *¡Me aseguraré de que no te recuerden más! ¡Estos son MIS hijos y no los volverás a ver nunca más!*

Colgó, y yo inmediatamente llamé a la policía. Cuando vinieron, les expliqué lo que él había hecho y el oficial llamó a John. Le dijeron que, por su propio bien, necesitaba entender que tenía que devolver los niños a su madre antes del lunes. Si no regresaban a la escuela el lunes por la mañana, lo arrestarían. Le advirtieron: *No te preocupes, te encontraremos, así que recuerda que los niños deben llegar a clase a tiempo el lunes.*

Fueron los dos días más largos de mi vida. No tenía idea de si él obedeciera a la policía y los traería de regreso o no. Sólo tenía mi fe.

Me alegré mucho cuando escuché sonar mi teléfono el domingo por la tarde y era él, listo para hacer arreglos para reunirme y devolverme a mis hijos. Una vez más me dijo que lo sentía y una vez más sus disculpas no significaron nada para mí porque no podía creerle.

Por supuesto, yo era reacia a que él volviera a ver a mis hijos, pero las visitas fueron ordenadas por el tribunal, por lo que pudimos hacer arreglos para que los viera durante unas pocas horas solo durante períodos de tiempo programados. Y eso es lo que hicimos durante un tiempo.

Quizás el divorcio le había demostrado que yo era fuerte y que no tenía intenciones de volver con él. Tal vez (y eso esperaba por el bien de todos) hubiera encontrado otra mujer a la que pudiera cuidar y tratar con amabilidad. Fuera lo que fuese, poco a poco dejó de llamarme y de insultarme o menospreciarme. Empezó a vivir su vida y seguir adelante sin mí. Y mis hijos y yo pudimos seguir adelante sin él.

En cuanto a mí, me estaba redescubriendo a mí misma: la Ana que había perdido hace mucho tiempo y también la Ana en la que me había convertido ahora, ingeniosa y fuerte con una hermosa familia a quien amar y un nuevo compromiso de vivir mi mejor vida.

Durante esos tres años, había dudado en aceptar invitaciones de mis amigos de la iglesia, compañeros de trabajo o familiares para ir a cualquier parte porque tenía miedo de que él me encontrara. Cuando vi que él comenzaba a seguir adelante con su vida, comencé a recuperar mi propia vida.

Un día, mi amiga me convenció de llevar a los niños al parque con ella y sus hijos. Mientras nos sentábamos en el banco viendo a nuestros hijos correr y reír libremente, miré a mis hermosos hijos con algo parecido a sorpresa. Parecían tan libres y felices. Nadie los estaba controlando. *¡Qué manera tan maravillosa y asombrosa de vivir!* En ese momento, comencé a creer realmente: *¡Oye, puedo ser yo! ¡Puedo sonreír! ¡Puedo elegir! ¡Puedo lanzarme a lo que quiera hacer!*

Fue mi momento de liberación y nunca más miré atrás.

Conclusión

He perdonado a mi exmarido porque sé que debo hacerlo, por mí, por mi bien estar, para poder seguir adelante. No tengo nada en contra de él y, por su propio bien, espero que haya cambiado. Estoy feliz de haber podido escapar de él y construir una vida llena de amor, significado y propósito.

He encontrado el amor en mi vida, alguien que se preocupa por mí tal como soy, que me trata con amabilidad y respeto. Estoy feliz y contenta con mi vida con él, no porque él me "haga" feliz, ¡sino porque elijo seguir siendo feliz!

La vida no siempre es fácil, pero creo profundamente que si tu camino es difícil es porque tu propósito es más grande de lo que alguna vez pensaste. Mi camino me ha mostrado cuál es mi propósito: ayudar a otros a aprender de mi experiencia para que ellos mismos puedan escapar del abuso.

Ahora trabajo como director asociado de ayuda financiera para la universidad local, ayudando a mantener a mi familia y sirviendo a los demás. Durante años, he trabajado con enfermeras, paramédicos y técnicos de emergencias médicas para ayudarlos a capacitarlos en su importante trabajo para salvar vidas.

Me he convertido en conferencista profesional contra la violencia doméstica, en inglés y en español. Recientemente, la Compañía Peloton (https://www.onepeloton.com/ company) me invitó a realizar un video global en español para capacitar a sus empleados compartiendo una parte de mi narrativa sobre la violencia doméstica para ayudar a mujeres como yo. También he dado charlas en iglesias locales y otros lugares. Mi más sincera esperanza es que este libro difunda mi historia a más personas para que también puedan recibir ayuda. Me alegra mucho saber que puedo utilizar mi experiencia para ayudar a otros. Estoy agradecida por el propósito y el significado que este trabajo ha aportado a mí y a mi familia. Doy gracias a Dios porque de lo contrario no hubiera sabido protegerme a mí y a mis hijos de mi abusador.

He aprendido que:

- Estás aquí para ser amada, no para ser explotada o lastimada.

- Debes creer en ti misma.

- Debes pedir ayuda.

- Debes hablar con un amigo o familiar.

- Y no debes cometer el mismo error que yo cometí durante tanto tiempo: guardar silencio.

¡Es hora de hablar! Debes saber que hay muchos recursos disponibles (consulta los recursos y la orientación que comparto al final de este libro). Todo lo que necesitas es una estrategia y la confianza para actuar. Este es mi mensaje:

Soy más que mi trauma.

Soy más que mi abuso.

Soy más que mis cicatrices.

Soy lo que parece un superviviente.

Yo soy Ana; Soy una sobreviviente de violencia doméstica.

Y tú también. Estoy contigo.

"Eres más valiente de lo que crees, más fuerte de lo que pareces y más inteligente de lo que piensas. Pero lo más importante es que, incluso si estamos separados... siempre estaré contigo."

— A.A. Milne, Winnie the Pooh Library.

Referencias y Recursos

Línea directa nacional contra la violencia doméstica: llame al 1.800.799.7233 (SAFE) o envíe un mensaje de texto con la palabra "INICIO" al 88788

Horario: 24/7. Idiomas: inglés, español y más de 200 mediante servicio de interpretación.

Sitios Web Útiles:

- Sitio web Nacional sobre violencia doméstica: https://www.thehotline.org/

- Oficina de Salud de la Mujer/recursos por estado sobre violencia contra las mujeres: https://www.womenshealth.gov/relationships-and-safety/get-help/state-resources

- Centro Nacional de Recursos sobre Violencia Doméstica: https://www.nrcdv.org/

- Centro para el Control y la Prevención de Enfermedades/Prevención de la violencia: https://www.cdc.gov/violenceprevention/intimatepartnerviolence/fastfact.html

- Moneygeek/apoyo financiero para mujeresexperimentando violencia doméstica: https://www.moneygeek.com/financial-planning/resources/financial-help-women-abusive-relationships/

Mensajes Importantes Para Compartir Con el Mundo Sobre la Violencia Doméstica

Estos son algunos de los mensajes que comparto con el público cuando imparto conferencias. Te los comparto aquí para ayudarte si estás en una situación de abuso, o si sospechas que un ser querido está siendo maltratado:

"**El abusador utiliza una imagen falsa para ocultar partes significativas de su carácter.**"

"**No debemos tener miedo de volver a casa porque no sabemos de qué humor estarán.**"

"**Recuerda siempre, encontrarás una manera de escapar o crearás una.**"

"**Sólo porque tu vida PAREZCA un sueño con tu pareja desde afuera no significa que no sea una pesadilla desde adentro.**"

"**Y cuando llegues a dónde vas, date la vuelta y ayúdala también. Porque hubo un tiempo no hace mucho cuando ella eras tú.**"

Información importante de la National Resource Centro de violencia doméstica (https://www.thehotline.org/):

Recuerda: Nadie merece sufrir abuso de ningún tipo, por ningún motivo. Y todo tipo de abuso es grave. Reconocer el abuso es el primer paso. Vaya al sitio web mencionado anteriormente para obtener más información:

- Los signos comunes de comportamiento abusivo en una pareja.

- Cómo prepararse para partir (debes tener un plan o siempre regresarás).

- Cómo encontrar soporte.

- Siempre confiar en tu instinto/intuición

Sobre la Autora

Ana Williams ha roto su silencio para contar la historia de su propia experiencia de violencia doméstica para que otras mujeres puedan sentirse inspiradas y apoyadas para liberarse de su victimismo, como lo ha hecho ella. Ana es conferencista profesional defensora en contra de la violencia doméstica, en inglés y español, para grandes audiencias y grupos pequeños. Fue invitada por Peloton Company para compartir su narrativa en español para un video de capacitación sobre violencia doméstica para sus empleados globales. Ana se ha comprometido a darle sentido a su propia experiencia trágica ayudando a las mujeres a encontrar los recursos, el apoyo y el coraje para dejar sus situaciones de abuso para siempre y comenzar de nuevo. Ana Williams también es la fundadora y propietaria de AMA Legacy LLC.

Email: amamylegacy@gmail.com Website: https://amalegacy.org/

Facebook: https://www.facebook.com/profile.php?id=100084878021366

TikTok: @anawilliams50

Instagram: https://www.instagram.com/imanaandimbreakingthesilence/

Reseña

"Soy Ana y estoy Rompiendo el Silencio" está lleno de poder y fuerza sobre la historia de supervivencia y victoria de una mujer sobre la violencia doméstica. Como narra la representación del abusador, su forma de pensar y su obsesión por el control es apasionante, y lleva al lector al oscuro y aterrador reino del abuso. Toda madre debería darle a su hija una copia de este libro antes de empezar a tener citas. Bravo, Ana Williams, por compartir tu coraje y vulnerabilidad para que otras mujeres puedan ser advertidas y apoyadas. Gran libro.
-Maureen Ryan Blake, Maureen Ryan Blake Producción de medios

"Yo soy Ana" es una poderosa historia personal de violencia doméstica que circula por el mundo. A medida que lees los pensamientos de Ana, escuchas sus miedos, aceptas su dolor, te vuelves uno con su viaje. Las luchas de Ana se funden en el corazón del lector página tras página. Ya sea que uno pueda identificarse o conocer el dolor que sufren las mujeres a través de este viaje silencioso o del que se habla, tu deseas libertad y paz para todas las mujeres, niños y hombres que sufren a través de las manos y el control mental de otros. Mientras Ana comparte su experiencia abusiva detallada con recursos a los que acudir en busca de ayuda, muestra cómo un

poco de esperanza, fe, oración, coraje y apoyo de los demás cambiaron su vida. Ana fue una vez una víctima silenciosa de violencia doméstica, para convertirse en autora, defensora y portavoz de la lucha contra la violencia doméstica abusiva. Es un privilegio conocer a Ana personalmente, su historia, su éxito y su voluntad de ayudar a los demás. Sonrío con orgullo porque basta con una para contarle a otra persona tu historia, luego enciende su vela, rompe el silencio y emerge "Soy Ana". Una lectura obligada ya que tu vida o la de alguien a quien amas también pueden cambiar.
-Toni Stone Bruce, autora, oradora motivacional, entrenadora Fundador/CEO Precious Stones 4 Life, LLC

El libro de Ana es una historia muy poderosa de una mujer sobreviviente de abuso doméstico. Destaca muchas características reveladoras de su abusador para comunicar los patrones específicos de abuso que sufrió durante su desgarradora experiencia con su exmarido. Dios la liberó y ahora está en un nuevo viaje para ayudar a otros en una situación similar. Este libro es una herramienta poderosa en la batalla contra la violencia doméstica.
-MacKenzie Nelson, autora internacional más vendida de "Las plumas de mi padre"